KB218447

새벽을 깨우는
# 법고소리

# 새벽을 깨우는
# 법고소리

무위 현진

도서출판 샘수

# 부처님의 자비를 안고 전법의 길로

부처님의 품 안에서 나의 인생 50여 년을 살았습니다.

나는 부처님을 만난 인연이 내가 만든 운명의 업이요, 점지라고 생각하며 부처님을 품고 살아왔습니다. 누구보다 부처님을 사랑하였고, 그래서 행복하였습니다. 이렇게 걷기까지는 내가 가장 사랑하는 어머니의 인도였습니다.

그러나 때때로 출가수행의 여정에서 고뇌와 아픔이 있었음을 고백합니다. 그럼에도 불구하고 내가 사랑한 부처님의 품은 따뜻하였으며, 나를 살아가게 하는 동력이었고, 서원의 길을 걷게 하였습니다. 이것이 포교의 시작이었고, 어언 30년이 지나고 있습니다.

1980년 군부가 종단을 유린한 10.27법난이라 불리는 그때의 상황은 절망적인 불교의 어둠이었습니다. 나는 그렇게 불교가 어둠이었을 때, 불교의 밝은 여명은 포교라는 것을 깨닫고 생활불교의 기치 아래 분심을 일으키며 도심 속의 포교를 시작하였습니다.

일본에서의 학업도 중단한 채 대중 속으로 몸을 맡기고 부처님의 법단을 만들기 위해 정진하였습니다. 시대의 아픔 속에서 포교의 중요성을 절감하여 동참한 도반과 스님들의 호응에 힘입어 도심 포교의 깃발은 대중 속으로 바람을 일으켰고, 80년 중후반에 이르러 포교는 정점을 이루며 꽃을 피워 갔습니다.

모든 사찰은 교양대학이라는 이름으로 법단을 열고 스님들은 도심 속에 포교당을 개설해 부처님의 살아 숨쉬는 법을 전도하였습니다. 나는 그때부터 30여 년 넘게 신도들은 물론 대학생, 초·중·고생, 유치원, 군부대, 직장인을 가리지 않고 포교 일선에서 진력하였고, 종단이 혼란스러울 때 10여 년의 직무를 수행하면서도 포교라는 법단은 나의 1번지가 되어 쉬어 본 적이 없습니다. 법단이 부족하였고 미진하였지만, 때때로 만족하고 환희하며 눈물 흘린 지나온 기억을 잊을 수가 없습니다.

나의 수행은 항상 부처님의 전법 제단에 있습니다. 지금 이 시간도 사람들 속으로 들어가 부처님의 자비를 품어 안고 길을 걸으며 정진합니다. 이것이 부처님의 가피요, 기도의 길이라 생각하면서….

이 책 속의 글들은 지난 30년 동안 대중과 나누었던 강의 내용, 나를 감동시킨 부처님 말씀, 경전 속의 아름다운 이야기 그리고 나의 걸어온 길, 나의 생각을 달이 해를 품듯이 적어 놓은 노트 속의 글을 뽑아 옮긴 것으로 내 마음의 그림자요, 업력입니다.

수행의 텃밭을 함께 일구는 마음으로 아름답게 읽어 주시길 희망합니다.

이 책이 나오기까지 도와주신 여의도포교원 불자님, 그리고 책을 출판해 주신 사유수 출판사 관계자 여러분께 두손 모아 감사드립니다. 모두 부처님 되십시오.

무위 현진 두손 모음

차례

# 제1장

# 붓다의 길을
## 걸으면서

길을 만든다는 것, 길을 걷는다는 것

인간에게 주어진 가장 아름다운 성스러움이라 생각합니다.

나는 길을 참 사랑합니다.

오솔길, 큰길, 모랫길, 바닷길 그리고 산길….

모든 길은 나의 애인입니다.

# 길 위에 비친
# 님의 그림자

파키스탄 페샤와르 박티사원 근처의 간다라 박물관에는 살갗과 뼈가 붙어 있는 부처님의 난행고행상이 있습니다. 젊은 날 구도라는 길을 걸으면서 나 자신의 인생을 생각하고, 게으름이 있거나 생각들이 복잡하다 싶으면 그곳을 찾았습니다.

지금은 파키스탄 정국이 혼란하여 갈 수가 없지만 그 부처님의 고행상은 내 마음 깊이 조각되고 있습니다. 누구나 한번쯤은 스스로 묻는 질문이지만 나 역시 인생이 무엇인가를 반추합니다.

삶의 치열함을 안고 살아오면서도 무엇이 진정한 삶인지를 모르고 때때로 허둥대는 자신과 사람들의 그림자들을 보면서 인간의 실존에 대한 물음을 묻습니다.

네가 누구냐고?

이 세상을 올 때의 빈손과 이 세상을 떠날 때의 빈손 — 이것이 인생사의 절대 모습이요. 인생사의 온갖 춤들이 빈손으로 끝을

맺지만 삶의 치열함 속에서 인간 실존에 생각을 미치며 사는 사람이 얼마나 될까요?

그래서 옛 선인들이 말씀하셨습니다.
"인생은 한바탕 춤 추다가 가는, 삶과 죽음 사이에서 곡예를 부리다 가는 나그네라 했던가?"
험난한 가시 언덕길을 힘겹게 오르듯 살아가는 사람들의 삶이 짙게 묻어나는 붓다의 고행상을 보면서 나는 길을 찾아 헤매었고, 그리고 솟아오르는 열정의 사랑과 슬픔을 안으며 구도라는 가슴으로 핏빛 진한 삶을 탄생시키려고 여정이 어려워도 원초적 나의 고향을 물으며 걷고 걸었습니다.
그것은 지쳐 쓰러져도 가끔씩 보이는 나를 만나기 때문이요, 삶이 있는 나의 고향을 발견하기 때문이었습니다. 그리고, 길 위에 비친 님의 그림자를 밟으며 스스로 축복이라고 신명나게 노래도 불렀습니다.

님은 늘 자정기심自淨其心, 마음을 비우고, 마음을 잘 길들이라는 가르침이었습니다.

잘 길들여진 코끼리는 힘들어 하지 않는다.
잘 길들여진 사람은 어려워도 자기를 놓치지 않는다.
자신을 잘 길들인 사람 그는 행복한 사람이다.

그래요, 나는 님의 부처님 되기 전 고행길에서 보이신 님의 치열한 인간의 모습을 더욱 사랑합니다. 님의 고행에서 보이신 꼬불꼬불한 길, 새소리, 물소리 있는 길, 풀 한 포기 없는 님의 정족산 길까지도 나는 사랑합니다. 그것이 나를 사랑하는 것이요, 내가 선택한 다함없는 길이요, 님이 주셨으니까요.

선택한 가난은 가난이 아니라고 누가 말했듯이 나는 내가 선택한 고통은 고통이 아니라고 생각합니다. 수행자는 선택에 대한 시비가 있어서는 안된다고 생각합니다. 왜냐하면 세상에서 필요하고 필요하지 않은 것은 없기 때문입니다. 오직 님의 고행하는 품에서 나를 스스로 공양희생과 봉사할 뿐입니다.

티베트 수행자들의 기도는 오체투지의 기도입니다. 오체투지는 자정기심自淨其心하여 나를 드리는 부처님에 대한 존경의 행위입니다. 그들은 스스로 선택한 행위는 최상의 행복이고 축복이라고 합니다.

그래요, 수행하면서 모든 것을 소유하려는 것은 수행의 길도 아니요, 수행자도 아닙니다. 수행자의 소유란 꼭 필요한 것만 쓰는 것입니다.

지금 나는 붓다와 함께 길을 걷습니다.
사람과의 인연을 누구보다 소중하게 생각하며 사랑하려 합니다.

그러나, 가진 것은 빈손이어야 하는 것을 깨닫습니다.

산 암자 문살 물들인 등불
그렇게 서린 등빛 위에
이름 없이 사람이 우두커니
그림자 보이는 듯하더니
흔적 없는 몸 일으켜 허공에 주고 가네.

참 길을 여행하는 구도자는 스치는 이름조차 버리려고 합니다.
남기려는 어떤 것도 흔적을 남기거나 기념하지 않고 불순물을
걸러 몽땅 쏟아 버리면 다이아몬드보다 빛나는 님을 만날 수 있
으리라 믿습니다.

# 길 위에 핀
## 삶의 흔적들

봄날의 대지가 새순을 돋고 파릇파릇한 희망의 날개를 기지개 켜고 있습니다.

세상살이가 쉽지 않다고 아우성 소리가 들리고 여기저기서 삶의 어려움, 고통을 호소하는 사람들이 많습니다.

어디서부터 무엇을 시작해야 할지 모르고 허둥대는 거리의 실업자도, 뚝방촌 단칸방에서 살벌한 추위를 견디는 지난한 삶도, 소주잔에 세상이 싫다고 고래고래 불평하는 포장마차 사람들도, 인생사의 고뇌를 짊어지고 사색의 하늘을 응시하는 고독의 사람도 우리는 쉽게 목격합니다. 그들의 숨찬 호흡을 보면서 생각에 잠깁니다.

인생의 고苦라는 것….
그것은 어디에 따로 있는 것이 아니라 내 안에서 일어나고 있음을 봅니다. 삶의 고통이라는 것이 바로 나임을 감지하고 내가 나를 마음대로 할 수 없다는 것이 불행의 단초임을 느끼며, 어려울 때일수록 자기를 바로 보는 지혜가 필요함도 알았습니다.

무엇에 끌려가는 피동의 삶이 아니라 주인이 되어 움직이는 능동의 삶이 고통의 소멸이라는 것도 깨달았습니다.

心生則從從生 마음이 일어나니 모든 것이 살고
心滅則從從死 마음이 멸하니 모든 것이 죽는다.

원효의 말씀처럼 모든 것은 마음먹기에 있으므로 외연에 부딪히는 심리적·육체적 변화를 관리하고 조절할 수 있어야 하겠습니다.

이러한 삶을 향유할 수 있음이 수행이요, 기도라고 생각합니다.

마음의 문을 열고 맑은 눈으로 세상을 보십시오.

보이는 모든 것이 나의 친구가 되고, 나의 사랑이 되어 있습니다.

들에 핀 이름 모를 들꽃도 나를 향해 미소하며 손짓합니다.

참 좋은 아침이라고….

천천히 길을 걷노라면 우리가 얼마나 복 받은 생을 사는지 알 수 있습니다.

아침에 일어나면 누군가 거리를 깨끗하게 청소해 놓았고, 거리의 차들은 우리들을 안전하게 목적지에 실어다 줍니다.

방송국에서는 하루 종일 기분 좋은 음악을 들려줍니다.

우리의 안녕을 위해 밤샘하는 구급대원도 있고, 어떻게 하면 행복한 사회를 만들까 고심하는 사람들도 만나니 이만하면 참 좋은 것 아닐까요.

항상 긍정의 밝은 마음을 지닐 때 우리는 행복의 주인이 될 수 있습니다.


나는 내가 선택한 길에서 삶의 아름다운 실체들을 경험하며 깨닫습니다.

때로는 만사가 나를 함몰시키고 절망의 순간들이 혼란시키기도 하지만, 나의 현실을 받아들이고 다른 삶의 방식을 이해하노라면 기억의 뇌리는 새로운 자각이 열망처럼 피어납니다.

달콤한 설탕 같은 감각이 나를 열정으로 젖어 살게 합니다.

지난날의 고통들이 오히려 자각의 빗물이 되어 나의 삶을 다시 만들고 있음을 느끼며, 나는 희망으로 정진합니다.

길은 누구라도 가능함의 온전한 세계가 있음을 발견하게 합니다.

긴장과 욕망, 불안한 투쟁을 내려 놓고, 사랑하는 누군가를 애타게 찾고 있는 사람들과 연민의 길을 걷고 싶습니다.


나는 당신을 초대합니다.

아름다운 당신의 길을 찾아보라고….

그리고 0.9초의 행복이 영원으로 이어지기를 기도합니다.

모두 모두가 횃불의 눈이 되어 삶을 물어가는 여정의 도반으로 함께 더없는 길 위의 길을 수행했으면 참 좋겠습니다.

# 믿음의 행복한 기도를
# 하세요

기도는 한계상황에 이른 인간의 염원인 간절함에서 시작되는
마음의 내면적 순례이며 쉼 없이 반복하여 온몸의 열망으로
부처나 신에게 바치는 오체투지입니다.

인생은 누구라도 수없는 굴곡의 사건으로 얼룩지고 있습니다.
피할 수 없는 생·로·병·사로부터 희·로·애·락을 비롯한 고통들
이 운명같은 것들의 빛깔로 물들며 그물망처럼 사건들이 얽혀져
있습니다.

또한 우리들의 미혹한 삶은 예측할 수도 없을 뿐 아니라 시간이
허락되지 않는 채 미지의 알 수 없는 곳으로 나도 모르게 빠져
들고 있는 것입니다.
이러한 삶의 표류 속에서 우리는 나를 인도하고 위안하며 품어

안아줄 어떤 절대적 대상을 찾게 됩니다.

기도하는 마음은 염원이나 고난에 처한 나를 이끌어 줄 대상에 대한 호소의 마음이어야 합니다.
호소의 간절함은 자아自我 속에 숨겨진 거짓된 옷들을 벗고 믿음의 바다에서 자기를 바치는 마음입니다.
그리고 용광로 속에서 황금이 변성하듯 자기 마음의 정화작업을 거친 자기를 새롭게 탄생시키는 것이니 이것을 우리는 기도 수행이라고 부릅니다.

기도 수행은 명상·염불·간경·참선 그리고 108배 등의 정진입니다. 이 정진의 기도는 자기 행위에 대한 마음 챙김이며 성취에 대한 열망의 씨를 심는 것입니다. 복을 짓는다고 말합니다.
열망의 씨는 먼 곳이 아닌 가까운 데서 심어 가십시오.
'남편은 아내에게 아내는 남편에게, 부모는 자식에게 자식은 부모에게'

멀리 있는 계단도 한 계단씩 오르듯이 소망의 씨는 가까운 데서부터 심어야 행복은 나에게 다가오는 것입니다.
우리가 너무 멀리 있는 것부터 소망하기에 안온의 행복보다 괴로움부터 눈덩이처럼 발생하는 것입니다.

기도 가피의 직립은 교만이나 이기의 자아를 철저하게 내려놓고 부처나 신의 제단에 다가서야 합니다. 이것을 믿음이라 합니다.
"부처나 신의 제단이 하늘에 있는 것이 아니라 네 마음에 있느
니라."라고 붓다는 가르칩니다.

무서워 말고 두려움 갖지 말고
내게로 오라
일심으로 부처의 명호를 부르라
몸과 행동으로 멈춤 없이 하라
내 능히 너의 소망 성취케 하리라

― 〈관세음보살 보문품〉

기도자는 믿음이 생명입니다. 가까운 데서 믿음을 찾으세요.
'남편은 아내에게서, 아내는 남편에게서 ―'
'부모는 자식에게서, 자식은 부모에게서 ―'
가까운 데서 서로를 믿는 것이 큰 것을 얻는 행복한 기도입니다.
멀리 있는 것을 믿어 보세요. 고통을 안겨 줄 뿐입니다.
한 계단 한 계단 폭을 넓혀 정상에 오르듯 가까운 곳으로부터
멀리 있는 곳으로 확대·정진하여 가세요.

또한, 기도자는 수험생이 시험에 쫓기듯 불안해서는 안됩니다.
불안한 마음, 두려운 마음은 아프고 힘들게 합니다.
먼 길을 걷는 나그네가 천천히 쉬지 않고 걷듯이 기도자는 여여

이 쉬지 않는 인욕과 정진이 있어야 합니다.

기도자는 자기 안으로 들어가는 금강 같은 서원이 있어야 합니다.
금강 같은 지극한 서원은 소망이라는 과일의 싹을 발아합니다.
꽃을 피우고 열매를 결정합니다. 열매의 자기를 만납니다.
이것을 우리는 기도의 성취라고 말합니다.
최상의 기도 성취는 자기 마음속 부처님을 만나는 것입니다.

온몸이 휠체어에 묶이고 한 술의 음식물도 반은 턱 밑으로 흘리
는 장애인 스티브 호킹 박사의 눈을 바라본 많은 사람들은 놀랐
습니다. 그의 눈은 전신마비의 불행이라는 흔적은 조금도 없는
맑고 밝은 눈이었답니다.
"이보다 더한 행복을 어떻게 바라리요."라는 그의 말에서 나는
그가 탐욕의 저항을 내려놓았고 짊어진 삶을 순응하며 행복으
로 사는 법을 깨달은 기도자임을 보는 것 같았습니다.
우리도 그의 아름다운 눈. 행복을 갖고 있기를 나는 희망 기도합
니다.
삶이라는 연극을 남김없이 알게 되는 날이면 인생이라는 막은
종착역을 내린다고 합니다.

"생이 다하는 날까지 마음의 행복한 기도를 쉬지 마십시오."

# 진리에
# 당당하여라

어느 날 양나라 무제가 달마대사를 초청하여 물었습니다.

"짐이 등극하여 불상을 조성하고 탑을 짓고 사원을 세우고 백성을 권하여 출가하여 득도케 하였으니 그 공덕이 얼마나 되리오?"

달마대사가 대답했습니다.

"소무공덕所無功德이라 생각하오."

양무제가 실망하여 말했습니다

"그 무슨 뜻이오? 어린아이가 돌을 모아 탑이라 하여도 그 공덕이 한량없다 했거늘, 그렇다면 부처님의 경전 말씀은 모두가 거짓말이란 말이오?"

"그것이 공덕이 아닌 것은 아니나 인천소과人天小果의 유루有漏공덕에 불과한 것이오."

"유루공덕이 무엇이오?"

"시루에 물을 부으면 새어 버리듯 복이 아니 되는 것은 아니나

복이 다하면 없어지는 것이니 없어지지 않는 무루복無漏福은 아니라는 것이오."

"그렇다면 무루복이란 무엇이오?"

"성품, 마음을 깨달아 자성불自性佛을 찾는 것이 무량한 무루공덕이오."

"그러면, 붓다의 최상의 진리는 무엇이오?"

"정지淨智가 묘묘妙妙하고 둥글게 원만하며 공적空寂한 것이오."

"지금 짐에 앞에 앉아 있는 스님은 누구시오?"

"나도 나를 알지 못하나이다."

"이국 멀리에서 불법을 전하러 오셨으니 고마우나 짐과는 의사가 불소통이니 나의 궁에 머물 수가 없소이다."

"나도 역시 그렇게 생각하오. 물러가리다."

달마대사도 인연이 없음을 알고 갈댓잎을 타고 양자강을 건너 위나라 숭산의 소림굴에 들어가 9년간 무언설無言說하며 면벽관심面壁觀心 하였습니다.

양무제는 달마대사를 보내고 국사인 보지공선사를 불러 대화내용을 이야기하였습니다. 보지공선사가 말하기를,

"달마대사는 부처님의 후신인데 성상께서 푸대접하셨나이다."

"그 대사께서 정말 부처님의 후신이란 말이오? 그렇다면 내가 다시 데려오리다."

"이미 때가 늦었습니다. 성상이 아니라 온 백성이 청하여도 눈도 꿈쩍 않으실 것입니다."

진리에 당당한 달마!

임금 앞에서도 뜻을 굽히지 않고 서슬 퍼런 비수처럼 설파하는 달마의 기상은 오늘 우리들의 삶의 현실에서도 꼭 되돌아볼 필요가 있습니다. 권력과 금력 앞에 당당하지 못하며 때때로 비굴한 우리들은 달마의 직립자세를 보고 부끄러워할 줄 알아야 합니다.

요즈음, 자기 PR시대라 하여 작은 일에도 자신을 드러내기 위해 온갖 수단·방법을 가리지 않고, 변칙과 반칙을 일삼는 경우를 쉬이 목격합니다.

"자신의 행위에 선행이 있다 하여 스스로 칭찬하는 것은 참다운 선행이라 할 수 없다."

경전에는 이렇게 가르치고 있습니다.

달마대새가 갈댓잎을 타고 강을 건너다는 것은 흔적 없는 자취를 말함이요, 중생을 건지기 위한 붓다의 방편을 보일 뿐 흔적을 남기지 않으려는 부처님의 참 모습입니다.


불교사의 위대한 인물 달마대사!

작금의 불교 종단의 승가와 종교인을 포함하여 시대의 지도자를 자칭하는 사람들에게 당당한 달마를 닮아 가라고 말하고 싶습니다. 이 시대를 이끌며 치유할 수 있는 살아 숨 쉬는 달마정신이 아쉽고 그리울 뿐입니다.

# 선善도 악惡도 버려라

육조 혜능선사가 스승인 홍인선사에게 법을 전수 받을 때 가사와 발우를 받았습니다. 그리고 곧장 그곳을 몰래 빠져 나왔습니다. 대중이 방앗간에서 방아나 찧고 스님들의 심부름이나 하는 상머슴과 같은 행자가 법을 받았다는 것을 알고 놀라워하며 가사와 발우를 빼앗으려고 혜능의 뒤를 쫓았습니다. 그 가운데 무인 출신의 혜명이란 자도 혜능을 쫓았습니다.

혜능은 곧 잡힐 것 같은 위험에 직면하자 스승으로부터 전수 받은 의발衣鉢을 바위 위에 올려놓고 간절하게 말하였습니다.
"이 가사와 발우는 법의 믿음을 나투는 것이리라. 힘만으로 결코 쟁취할 수 없으리라."
뻘뻘 숨을 헐떡이며 뒤쫓아온 혜명은 이것을 빼앗으려고 했지만 의발은 꿈쩍도 않고 바위에 붙어 있었습니다.

그것은 단순한 물건이 아니라 불법의 전승을 상징하는 것이라 힘만으로는 취할 수 없는 것이었습니다. 한참을 씨름하던 혜명은 잘못을 뉘우치고 참회하며 말하였습니다.

"저는 단지 법을 구하는 마음에서 했을 뿐이니 부디 용서하시고 큰 법을 알려 주소서."

그때 혜능이 나서며 말하였습니다.

"삿된 탐욕을 쉬고 맑은 마음이 되어야 할 것이오."

얼마간의 시간이 흐르자 혜능은 혜명에게 다시 물었습니다.

"선한 것도 버리고 악한 것도 버릴 때, 그때의 혜명의 본래 면목은 무엇이오?"

혜명은 이 말을 듣고 홀연히 깨달았다고 합니다.

선도 악도 생각하지 않는다는 이 말은 옳고 그름의 시비를 넘고 자기와 타인의 이익과 손실 등의 상대적 개념이나 분별로부터 벗어남입니다. 티끌 같은 일념도 일어나지 않는 맑은 마음의 경지입니다. 인간은 사물이나 생각을 대립적으로 보려고 합니다. 이러한 대립적 분별심이 있는 한 마음은 흙탕물처럼 오염됩니다. 사실적 진리, 순수의 진리를 본다는 것은 어려운 일입니다. 상대적 분별이 없는 너와 내가 하나 된 절대의 자리가 불사선不思善이요, 불사악不思惡이라 하겠습니다.

# 불교는 스스로
# 진리를 품는 신앙

불교가 오늘날 토인비 등 세계 지성들로 하여 동방의 빛으로 불리며 주목을 받고 있는 것은 불교가 지닌 종교적 신앙관이 현대의 무질서한 인간사회를 치유힐링할 수 있는 특징적 힘이 있기 때문이라는 것입니다.

힘을 다하여 상실의 늪에서 허덕이는 사람들의 마음을 치유하고, 인간 사회를 구제함이 불교인의 사명이 아니겠습니까?

치유하고 구제하는 특징적 신앙관, 그 힘은 무엇일까요?

불교는 신앙에 있어 무엇에 이끌려 가는 맹목적 믿음이 아니요, 어떤 신神의 권능이나 은총을 내려 입고자 하는 믿음이 아닙니다.

불교는 진리가 참인가, 거짓인가를 묻고 스스로 지견知見하는 지혜의 대결단이며 스스로 진리를 품는 깨달음의 신앙인 것입니다.

거짓을 믿을 때 이것을 불교는 미신이라 부릅니다.

인간은 무한한 능력도 있지만, 심리적 나약성도 지니는 까닭에 어떤 만들어진 것들에게 고착되어 노예가 되어버리는 경우가 허다합니다.

물질에 대하여 그렇고, 문명의 이기利器에 그렇고, 습관에 젖어버린 스스로의 나약함에 매몰됩니다. 이러한 나약함으로 발생되는 불만이나 두려움으로부터 안락과 평화의 자기 믿음을 찾는 것이 불교의 가르침이요, 수행입니다.

불교의 믿음이란 연기세계에서 일어나는 모든 것에 대한 이해와 이성理性으로 생명세계를 정견正見하는 것에 바탕하고 있습니다. 이것을 깨달음을 가진 자, 진리를 품은 사람, 곧 붓다라고 부릅니다.

또한, 불교는 독선이 아닌 공동체로의 포용성을 깊이 강조합니다. 대부분의 종교들이 자기의 종교만을 위하여 서슴없이 증오의 시선으로 총칼을 들었지만 불교는 어떤 역사의 문을 열어도 독선적 무기를 취한 역사가 없습니다.

자리이타自利利他와 봉사와 나눔으로 자기와 더불어 타인도 함께하는 공동체의 믿음을 이상으로 하며, 차별이 아닌 평등심이고, 종속적 사상을 배제한 모든 중생 — 사람이나 짐승이나 풀벌레까지도 불성을 지니고 있어 차별 없이 불도를 얻을 수 있다는 것입니다.

절대 권능에 의해 만들어지고, 신의 선택 없이는 구원 받을 수 없는 것이 아니라, 천상천하 유아독존天上天下 唯我獨尊이라는 붓다의 선언처럼 자아自我의 존엄성, 생명의 존엄성은 그 어떤 것에도 차별 없이 세계에 평등하게 존재하는 생명으로 스스로의 카르마에 의한 결과로 사람도 짐승도 되는 것이지 누구의 섭리와 권능에 의해서가 아니라는 것입니다.

스스로를 구원하는 모든 자유를 갖고 있나니,
스스로의 힘에 의지하라.
사람들아, 스스로 참 진리를 품어 안아라.
나는 정도正道를 가르치고 인도할 뿐이다.

이러한 붓다의 말씀은 불교신앙의 참 근본이 어디에 있는가를 잘 보여주고 있는 것입니다.

# 붓다의 품 안에
# 안겨라

여름이 유난히도 더운 것은 날씨 때문만은 아닌 것 같습니다. 삼복염천이 우리를 숨막히게 하는 것은 일기 예보가 아니라 신문, 방송 등 매스컴이 전하는 사회현상과 지구촌에서 일어나는 사건, 살상 등 인간 탐욕의 참상들이 우리를 더 뜨겁게 하기 때문입니다.

정치는 정치대로, 일터는 일터대로 사생결단이요. 종교와 예술의 민중을 향한 괴성들, 그 속에서 볼모로 잡힌 소시민들의 불안은 내일을 예측할 수 없는 공포의 시간이라 하여도 지나친 말이 아닌 것 같습니다. 폭력 영화에 1,000만 관객이 모이고 스포츠 승패에 온 국민이 울고 웃는 현상이 과연 정상인가?
지난 날 람보 영화에 몰린 엄청난 인파는 인간의 불안한 마음들이 겉돌면서 후련하고 통쾌한 것을 찾는 사람들의 마음작용이 아니었던가 싶습니다.

지금 우리는 인간이란 무엇인가를 다시 묻지 않을 수 없습니다.
인간이라는 존재에 묻고 탐구한 지 오랜 역사이건만 아직도 이
물음은 새로운 물음의 영원한 수수께끼라고 생각합니다. 물론
인류의 지혜는 수많은 문화를 창달하였고 문명의 이기利器로 인
간의 생활을 윤택하게도 하였지만, 반면에 스스로 만든 과도한
문명의 기계들로 지금은 인류의 멸망이라는 위기에 고심하고
있는 것도 사실이라 해도 과언이 아닙니다.
만약 핵무기를 가진 나라의 지도자가 단 한 사람이라도 건강한
정신이 아니라면 인류는 어찌 될까? 실로 우리는 그들의 정신이
건강하게 하여 주소서…. 하고 두 손 모아 빌 수밖에 없는 공포
의 생명을 살고 있는 것은 아닌가요?

나는 이 위기의 생명 현상이 가장 중요한 화두라고 봅니다.
위기를 극복하고 어둠의 그림자를 밟고 사는 오늘의 인간, 지구
촌을 위해서는 지나친 탐욕이 아닌 공생의 동사섭同事攝이라고
생각합니다.
붓다의 동사섭은 인간에 대한 자비행입니다.
자비의 결정체는 열반 ― 곧 우리들의 행복입니다.
행복의 중생을 위하여 붓다는 오셨고 길을 걷고 걸었습니다.
그래서 불교는 인간을 위한 자비의 종교라고 불리는 것입니다.
붓다는 신神이라는 절대 모습을 거부합니다.

붓다의 다르마는 인간을 위한 다르마입니다. 인간이 본래 가진 인간의 성품을 밝혀 붓다가 되라고 합니다.

"성불하십시오." 하는 불자들의 인사가 바로 붓다가 되라는 인사입니다. 인간 위에 군림하는 어떤 것도 없는 만물의 주인공으로, 지혜와 정진으로 해탈을 얻으라고 하십니다. 그래서 행복하라고….

괴롭고 고통스러운 것은 교만과 이기요, 탐심과 화냄과 어리석음에 있으니 집착을 불태워 없애라고 경전은 가르치고 있습니다. 집착은 그 모든 것이 피안의 걸림돌이요, 자유를 해치는 쇠사슬이라고….

그렇습니다. 생활의 편리한 도구, 삶의 선행, 지식들이 그 자체로 나쁜 것은 아닙니다. 그러나, 그것들에 대해 지나친 집착은 오히려 우리를 고통스럽게 한다는 것도 알아야 합니다.


집착의 불꽃이 사라질 때가 평화의 시발점이라고 말씀하십니다. 다른 종교가들이 이단이라 하며 심판의 칼을 세울 때도 붓다는 인간을 품어 길을 가르쳤을 뿐 이단에 대한 심판의 칼을 찾을 수가 없습니다. 붓다의 역사는 오직 사람에 대한 사랑이요, 중생에 대한 연민입니다.

다르마를 깨달으신 붓다에 하늘의 신들이 내려와 무릎 꿇고 법을 권청했다는 것은 생명의 존엄성을 상징적으로 보여주신 것입니다.

오늘 이 혼미하는 인간, 지구촌의 생명과 평화를 위하여 이제 우리는 과도한 욕망의 끈을 놓고 문명의 이기들을 쉬게 해야 합니다.

그리고 붓다의 애잔한 미소를, 붓다의 잔잔한 미소를 보고 붓다의 포근한 품에 안겨야 하겠습니다.

# 불교, 생명 해방의 소리

연꽃이 진흙 속에서 피어나도 물들지 않듯이
나는 오탁악세汚濁惡世에 태어나도 물들지 않나니
하늘과 땅에서 가장 존귀하도다.
가이없는 중생의 괴로움 모두 건지리니
눈이 있는 자 나를 참모습을 보아라.
귀가 있는 자 나의 소리를 들어라.
나의 길을 따르는 사람 무명이 다하고
죽음의 사슬에서 벗어나 평화를 얻으리라.

3000년 전 카필라 바스투의 숫도다나왕과 마야부인, 그리고 백
성들은 하늘에서 꽃비가 내리고, 악신樂神들의 아름다운 선율이
울리는 룸비니 동산에 눈과 귀가 집중되었습니다.
시대가 복잡하고 사상이 혼란한가 하면 정의보다 불의가 날뛰면서,

힘과 아부가 권세를 누리고, 백성을 억압하고 생명의 존엄이 살상되어가는 이 오탁의 사바에 아기 성자의 탄생을 보려는 군중들은 동서사방에 인산인해를 이루었습니다.

아기는 태어나자마자 일어나 좌우 칠보의 걸음 걸으시고, 하늘과 땅을 가리키며 "세상의 안락을 위하여 이 땅에 왔노라." 하고 스스로 장엄한 노래 부르니 군중들은 오체투지로서 엎드려 성자를 찬탄합니다.

부처님께서 이 사바에 오신 참 뜻이 무엇일까요?

중생이 태어남은 인과응보因果應報지만 부처님은 구원의 보살서원으로 오셨습니다. 불교를 해방의 종교라 부르는 소이입니다.

어둠으로부터 해방, 무지로부터 해방, 마음을 깨달아 절대 자유를 얻는 해방이며, 사바띠 가난한 여인의 빈자일등에서 보이는 바와 같이 가난하고 병들고 고통받는 사람에 대한 사회적 구원의 해방인 것입니다.

부처님은 영화와 부귀, 권세의 힘을 보임이 아니라 오직, 보살심으로 정의에 찬 진리의 법륜을 굴려 어둠의 우리를 해방시키기 위하여 억겁 생명의 소리로 오신 것입니다.

오늘 이 땅에 오신 부처님,

우리는 닫혀 있는 눈을, 마음의 눈을 떠야 합니다.

부처님 오신 참 뜻을 새기는 기도가 이루어져야 합니다.

보살의 지순한 마음, 다함없는 중생을 용서하고 사랑하고 연민

하는 일입니다. 우리는 이것을 자비라 이름합니다.

미워하고 대립하며 증오하는 사람을 용서하고 사랑하는 일이 쉽지는 않습니다. 보통의 사람에겐 어려운 것이겠지요. 그것은 초월적 경지에 오른 사람, 중생의 아픔을 품어 안을 수 있는 보살의 마음만이 가능할 것입니다.

남을 위한 봉사와 희생하는 기도자요, 욕망의 불이 꺼지고, 사랑의 축복자가 되어야만 자비는 베풀어지는 것이라 합니다.

우리가 부처님 앞에 다가서는 기도는 붓다의 소리를 듣고 스스로 등불을 켜며, 한 발자국이라도 붓다에 다가서는 불심의 기도여야 합니다. 이때 붓다의 자비는 세상을 햇살처럼 비출 것입니다.

경전에는 이렇게 묘사되어 있습니다.

"붓다의 자비는 인因과 연緣에 의한 생성소멸의 연기계에서 강물의 영원한 흐름처럼 흐르며 평화로운 등불을 켜고 있다."

그렇습니다. 부처님의 오신 참 뜻은 어둠을 밝히는 구세의 자비 등불인 것입니다.

붓다는 설산 육년의 고행으로 아픔의 등불을 보였고, 보리수 금강계단 깨달음으로 열반의 등불을 밝히셨습니다.

붓다의 소리가 있던 날. 나는 무한 생성의 존재로서 퍼내어도 퍼내어도 마르지 않는 샘물이 있다는 것을 깨닫고 환희의 춤을 추었습니다.

# 행복의 소식을
# 전도하라

부다가야 보리수나무 아래 우주와 생명세계를 관조하신 바짝 마른 성자 한 분이 계십니다.

별이 서산에 기울인 찬 새벽, 그의 얼굴은 환희의 빛이 빛나고 있었습니다.

"나는 알았노라. 나는 보았노라." 하며 모든 중생들로 하여금 내일의 부처님으로 태어나게 하셨습니다. 사람만이 아니라 땅속의 벌레, 나는 새와 흘러가는 바람이나 구름까지도….

부처님 오신 날!

우리는 지금 우리의 생일을 자축합니다.

존재의 불성을 보았고 우리는 오래도록 햇살처럼 반짝이는 부처임을 알았습니다.

세계가 하나의 생명이라는 것도 알았습니다.

파괴되어 가는 인류의 평화가 탐욕과 분노 어리석음 때문이라는 것도 중생들의 괴로운 행위가 무지라는 것도 알았습니다.

참회와 용서와 이해의 기도 없이는 행복의 몫이 없다는 것도 지혜의 불꽃을 태워 행복을 만드는 것도 우리의 몫이라는 것을 알았습니다.

불행을 막는 일도 우리의 몫임을 깨달았습니다.

깨어 있음이 없기에 삼독의 불길이 타오르는 것을 봅니다.

때묻은 거울들은 서로를 비출 수 없다는 것도 보았습니다.

서로가 서로를 비추어 주기를 포기할 때 고통스런 파도가 높다는 것도….

깨어 있고 살아 있는 형광의 눈으로 보십시오.

거울은 본래 맑은 거울이요, 세상은 본래 밝은 세상입니다.

이 맑고 밝은 거울 같은 우리의 본래 참모습을 보는 일이 우리의 행복입니다.

솟아오르는 분노를 자비로, 교만과 이기를 나눔과 희생으로, 어리석음을 지혜로 비추는 작업들이 쉬어 감이 없을 때, 우리는 행복한 아리랑을 부를 것입니다.

오늘은 부처님의 생일날. 생일은 새로운 생명이 새롭게 시작하는 날입니다.

오늘 우리 불자들은 손 모아 기도로서, 공격하고 정복할 줄밖에 모르는 이 지구촌에 평화 행복의 소식을 얻게 해야 합니다.

바다로 여행을 떠난 어린 연어떼들, 억조창생의 갯벌 속의 중생들, 동고동락한 철새들이 어김없이 돌아오고 돌아가게 해야 합니다.

한톨의 양식을 찾아 눈물지으며 맨발로 국경을 넘나드는 가난한 이웃들이 굶지 않고, 허리 펴고 웃을 수 있게 하여야 합니다.

총칼로 국경을 수호하며 전쟁하는 청년들이 자비의 파수꾼이 되게 하고, 평화의 지대에서 행복한 노래를 부르게 해야 합니다.

인류의 행복은 우리들의 깨어 있는 마음의 염원에 달려 있습니다.

늘 푸른 지구촌 무한생명의 별을 위하여 행복의 소식을 전도하는 우리가 되기를 간절하게 축원합니다.

# 중생구제 비원悲願은
어디에

천상천하 삼계개고 아당안지 天上天下 三界皆苦 我當安之는 부처님
이 이 세상에 오신 날 하신 첫 법음法音입니다.

"생명의 존재가 세상에서 가장 존귀하다. 존귀함을 모르고 우리는
괴로워한다. 그 괴로운 중생을 편안케 하리라."라는 말씀입니다.

일대사 인연으로 오신 부처님을 경배하고 찬탄하며 스승으로
공양 올리는 소이입니다. 그러나, 오늘 우리들은 어떤 얼굴로 부
처님을 경배하며 그리고 무엇을 생각하고 있는가? 온갖 역사들
이 어지럽게 탈춤을 추는 세상에서 현대사의 불교 건축물을 잠
깐 되돌아봅시다.

6·25전쟁을 기점으로 한 선교사는 퇴락해가는 사원을 보고
'the ups and downs of temple'이라고 사원의 영고성쇠를 기
록했고, 70년대 일본의 불교 사학자는 굽이굽이 오르는 절경의

사찰 속에서 단월의 시주를 고개도 까닥 않고 받기만 하는 스님네들이 부러운 듯 묘한 글을 남겼고, 90년대 종단 권력에 눈이 먼 승려들의 직분을 망각하고 주먹과 몽둥이로 소란을 취재하는 내·외신 보도는 한국불교의 처절한 광란이라며 전 세계에 타전하였습니다.

지금 부처님의 말씀은 공중에 떠 있는 신기루 같습니다

출세간의 승단이라 하기에 너무도 부끄러운 일입니다. 세속보다 치열한 명리와 종권력에 매몰되고 있습니다. 깨달음으로 나아가야 할 승단이 무지의 집단이 무엇인가를 잘 보여 주는 것 같은 느낌을 지울 수가 없습니다.

물론, 모든 스님네들이 그런 것은 아닙니다. 아름다운 수행자, 소리 없이 중생을 살피고, 아픔을 나누는 스님네가 없는 것은 아닙니다.

그러나, 우리 종단의 권력과 부가 있는 곳을 보십시오. 고난 받고 핍박 당하는 중생의 소리를 어떤 그릇이 되어 듣고 있습니까? 자기만을 위한 고광대실 아방궁을 불사라고 시주님네 희롱하며 맹목의 주술로 기능하는 현실이라고 하면 과장도 있겠지만 부정 또한 못할 것입니다. 해탈moksa의 충만rupa으로 축복자가 되고 보살의 비원을 담아야 할 석가여래의 잔잔한 감동의 소리는 들리지 않습니다. 원효선사의 중생을 위한 조롱박 소리가 울리지 않고 있는 것입니다.

오늘 우리는 복잡다단한 사람들의 길을 인도하고 가르쳐 줄 지혜자요, 원행자인가를 반성해야 합니다. 여래의 법신을 외면하고 숱한 못할 짓의 끼리끼리의 세속적 힘으로 변질되고 비뚤어진 이데올로기로 작동되고 있는 승가가 아닌가를 살펴 그러한 부끄러운 몸짓과 마음들을 참회해야 합니다.

사람들이 제일로 요구하는 도덕적 집단이 종교인이 아니라는 사실이 무엇을 말하는지 깊이 자성할 일입니다.

어둡고 그늘지고, 힘들고 땀 흘리는 곳. 가난하고 외로운 사람들, 고통받고 아파하는 사람들에게 부처님을 오시게 하는 승가가 되어야 하지 않겠습니까?

희생과 봉사, 이타주의의 보살의 헌신과 같은 행동 없이는 부처님은 우리 곁에 오시지 않을 것입니다. 사람을 위한 진실한 축복의 마음을 보여주지 못한 곳에 부처님은 결코 오시지 않습니다. 생명의 맥박에 지고지순한 기도가 있고 대립하고 갈등의 투쟁 없는 반야지혜로 서원이 있는 곳, 나눔의 자비가 살아 숨 쉬고 움직이는 곳에 부처님은 오십니다.

불교인, 특히 승가는 승가답게 살아야 합니다.
떨어진 삼의일발 三衣一鉢로 살라 하지 않았습니까?
부처님을 찬탄 받고 경배 받기 위해서는 중생이 있는 현장 속에서 수행자의 양심에 귀를 기울이고 바라밀 씨앗을 뿌리는 비원의 승가가 되어야 합니다.

그러한 곳에 부처님은 미소를 띠고 오시기 때문입니다.

부처님의 참 진언은 순수, 양심의 깨달음을 심으라는 가르침입니다. 사견을 진리인 양 꾸미는 중죄를 범하는 일이 없도록 〈유훈경〉에서조차 간곡하게 말하지 않았습니까!

중생비원의 구원을 실현한다는 승가가 아집과 권세 교만의 냄새로 얼룩지고 있는 작금의 종단은 분명 부처님 계시기에 힘든 곳입니다. 그러나 불멸의 법신을 보이시고 길 잃은 아들의 귀가를 기다리고 있는 붓다의 마음을 잊지 말아야 할 것입니다.

※이 글은 종단사태로 어지러울 때 조계사에서 한 법문이다.

# 밥을 먹는
## 까닭은

사람들에게 밥은 왜 먹느냐고 물어보면 밥은 먹으라는 것이니까 먹는다는 농담 같은 우스개도 있고, 배가 고파서 먹는다고도 합니다.

틀린 말은 아니지만 다분히 배가 고파서, 먹고 싶어서 밥을 먹는 것일까요? 그렇다면 옛 철인이 배부른 돼지보다 배고픈 사람이 되라는 말은 무슨 의미일까? 밥을 먹는 가치에 대한 명쾌한 답변을 쉽게 말하지 못하는 우리들입니다.

〈나선비구경〉에서 밥을 먹는 소이를 이렇게 답변하고 있습니다.
어느 날 미란다 왕이 나선비구를 찾아와 물었습니다.
"사문도 그 몸을 사랑합니까?"
나선비구가 대답했습니다.
"이 몸을 사랑하지 않습니다."

"사문이 그 몸을 사랑하지 않는다면 어찌하여 잠 잘 때는 편하고 따뜻하기를 바라며 먹는 것은 맛있는 음식만 좋아하며 그 몸을 보호하려 합니까?"

"대왕께서는 일찍이 싸움에 참가하신 일이 있으신지요?"

"많이 있을 정도가 말로 다할 수 없습니다."

"싸움에 참가하여 상처를 입은 적이 있나요?"

"나는 수없는 상처를 입었습니다."

"그 상처를 어떻게 하셨나요?"

"나는 그때마다 고약을 바르고 상처를 싸맸습니다."

"상처를 사랑하기 때문에 그랬나요?"

"상처를 사랑하다니요? 천만에요."

"상처를 사랑하지 않는다면 어찌하여 그것을 싸매고 보호하셨나요?"

"나는 상처를 빨리 낫게 하려는 것 뿐이었습니다."

"대왕이여, 사문도 그러합니다. 사문이 의식을 취하는 것도 이 몸을 사랑하여 아름답게 꾸미려는 것이 아닙니다. 그것으로 최소한의 몸을 지탱하는 힘을 얻어 깨달음을 향한 수행에 힘쓰고자 밥을 취하는 것입니다. 결코, 이 몸을 사랑하기 위하여 밥을 먹는 것은 아닙니다."

우리들은 먹기 위하여 살고, 살기 위하여 먹는다는 식욕의 예찬도 무궁합니다. 물론 먹는 것이 중요한 것도 사실입니다. 그러나, 나선비구의 말씀처럼 오욕락을 취하려고 음식을 취한다면 오히려 괴로움이 따른다는 것을 알아야 합니다.

식탐이 재앙의 근본이라는 것을 유추하여야 합니다.

아무리 좋고 비싼 음식으로 채워 넣어도 아무리 꾸미고 감싸 안아도 항구성이 없는 이 몸에 밥을 먹는 소이의 전부라면 우리의 삶이 조금은 부끄럽지 아니한가?

아무리 가꾸어도 오래 끌고 다닌 수레가 부서지듯 이 몸은 부서져 원초적 고향인 지地, 수水, 화火, 풍風으로 돌아갑니다.

수행자는 이것을 알아 밥을 먹을 줄을 알아야 한다는 것입니다.

# 청정淸淨한 보시普施를 행하라

경전 속에서 보시공덕을 제일의 공덕이라 하며, 바라밀 — 피안의 언덕에 올라가는 길이라고 합니다.

보시는 크게 3가지로 나누어 말하는데, 첫째는 깨달음으로 이끄는 참 진리를 설하는 법보시요, 둘째는 생활이 유용하도록 물질적으로 베푸는 보시이며, 셋째는 불안·두려움 등으로부터 편안함을 주는 정신적 보시입니다.

그리고, 경전에서는 우리가 보시를 행할 때 그 마음가짐, 정신자세를 이렇게 가르치고 있습니다.

보살은 명예와 이익을 바라지 말고 보시하여라.
타인을 위하여 하지 말라.

우쭐거리거나 자랑하지 말며

오직 자신을 위한 것으로 보시하여라.

자기를 돌아보지 말고 받을 사람을 편견하지 말라.

보살이 보시를 행할 때에는

부모가 병든 자식을 대하듯 보살펴라.

베풀어 세상을 아름답게 가지면

그것이 바라밀 언덕에 오르게 하리라.


자기에게 축적하는 행위처럼 어리석음 없나니

자기를 위하여 재보를 자기 굴속에 쌓지 말고

세간의 피안을 위하여 복을 나누어라

행복의 궁극은 위대한 버림에서 생겨나니라.


사실 나누어줄 수 있는 많은 것을 우리들은 가지고 있습니다.
가지고 있으면서도 없다고 하는 빈곤한 마음이 중생심입니다.
퍼내고 퍼내어도 마르지 않는 샘, 아무리 퍼주어도 더 맑게 고이
는 샘을 가지고 있는 것입니다. 다만, 나누어 줄 수 있는 마음의
문이 잠겨 있을 뿐인 것입니다.
마음의 문이 열려 나눌 때가 가장 행복한 순간이라고 붓다는 말
씀하십니다.


우리 속담에 콩 한 알도 나누라는 말은 함께 나눌 수 있는 이웃,
먹을 수 있는 이웃, 먹으면서 대화를 나누는 이웃이 있어 좋다는

것이겠지요. 혼자서 외롭게 아무리 맛있는 음식을 먹는다 해도 행복을 느끼겠습니까?

그렇습니다. 나누면서 살아야 할 이웃이 없을 때 우리는 불행이라는 진흙 속에 허우적거리는 것입니다.

칼릴 지브란도 그의 예언서에서 말했습니다.

"너희가 아낄 만한 것이 무엇이 있느냐? 너희가 가진 모든 것은 어느 날 없어지고 만다. 그러니 주어라, 지금 당장 주어라. 때를 놓치고 후회하며 뒷사람의 것이 되게 말라."

보시는 주고받은 사람과 물건이 어떤 편견도 없어야 한다는 것이니 주고받는 마음이 어떤 댓가를 요구하거나 차별하고 생색내기를 한다면 그것은 참된 보시가 아니라는 것입니다.

이 주는 자와 받는 자, 그리고 물건이 일체의 요구와 편견 없이 하는 보시를 청정보시라 합니다. 청정보시야말로 최상의 보시요, 피안의 언덕에 도달하는 지름길이라는 것입니다.

조금만 멈추어 생각하면 우리는 빈손으로 왔고, 빈손으로 가는 걸 압니다. 한 물건도 가질 수 없음을 압니다.

모자랄까 미리부터 걱정하는 것이 모자람의 모자람이요, 해 보지도 않고 걱정부터 하는 것이 어리석음이 아니겠습니까?

자비의 청정보시를 행함이 세상을 밝게 하고 행복을 성장시키는 근본이라고 〈열반경〉에서는 가르치고 있는 것입니다.

# 불교는 생명 존중의
# 역사이다

내가 불교를 사랑하고 경외하는 또 하나의 이유가 있습니다. 3000년 불교 역사 속에서는 전쟁의 역사가 없다는 것입니다. 불교역사를 살피면서 내가 느낀 마음의 외경스러움은 수많은 나라에 불법이 전파되면서도 그 민족의 전통과 사상, 문화를 존중하며 민중을 품어 안았지 붓다를 위한 어떤 폭력의 역사도 찾을 수 없다는 것입니다.

유일적 사상인 기독교가 인간을 지배 통치하려는 신을 위한 전쟁의 역사요, 억압의 역사라는 사실은 부정할 수 없습니다. 그러나, 불교의 비폭력 정화는 붓다의 생명에 대한 자비의 젖줄이 되고, 양식이 되어 사람들을 안온의 곳으로 인도함이 타 종교의 추종을 불허하고 있습니다

이것이 오늘날 세계인들의 눈에 감동되어 평화와 자유의 종교로 각인되고 있는 것입니다. 인생에 대한 괴로움, 고통을 뿌리로 전개되어온 붓다의 역사는 자기의 행위, 스스로가 쌓아온 업보業報에 대한 통찰이요, 자각自覺을 위한 가르침이요, 온 세계가 하나된 평등생명으로 합일하려는 생명존중의 역사인 것입니다. 붓다께서 코살라와 가비라의 싸움을 막기 위해 스스로 군대의 길목을 3차례나 가로막고 불가함을 역설, 싸움을 멈추게 하고, 세계를 정복하기 위해 지칠 줄 모르고 전쟁의 군마를 달리던 아쇼카대왕은 한 수행자로부터 붓다의 가름침을 만나자 군마를 내려 참회하고 수행자로 돌아가 백성을 위한 성군으로 돌아가는 이야기는 불교가 얼마나 평화를 위한 가르침의 종교인가를 극명하게 말해주는 것입니다.

또한, 붓다의 자비와 깨달음은 인간을 비롯한 유무의 생명을 살리기 위한 억겁의 무아無我를 찾아가는 역사입니다.
무아의 역사정신은 근대 물리학의 양자역학의 이론에서 입증된 바와 같이 너와 나, 인간과 자연, 한국이나 여러 국가들이 하나라는 것으로 이 역사정신을 자각할 때 인류의 자유·평화·행복이 있다고 역설하십니다. 그래서 오늘날 세계를 하나의 글로벌 시대라 하지 않습니까?

세계인의 눈물샘을 자극한 편견 없는 정치가 남아프리카 공화국의 만델라 대통령에 대해 나는 깊은 감동을 받았습니다. 그는 대통령직을 버리고 물러나 은퇴를 선언했는데 몇 달이 지난 후 정부각료를 만나 '나 이제 은퇴해야겠어.' 하고 말하자 각료는 '대통령님께서는 이미 은퇴하셨습니다.' 하고 말하니 '내가 그랬냐?' 하며 '그러면 은퇴를 위한 은퇴를 해야겠구먼.' 하면서 너털웃음을 지었다는 말에 그가 얼마나 불교적 무아정신의 사람이었나를 생각하면서 작은 감동을 받은 것입니다.

무아의 역사 정신은 편가르기, 갈등, 대립이 없습니다. 오늘날 경쟁을 넘어 투쟁하고 테러를 일삼으며 전쟁도 불사하는 지구촌의 평화, 인류의 행복을 위해서는 붓다의 무아의 역사정신을 자각하는 일이 되어야 하겠습니다.

# 신음하는
# 붓다의 얼굴

얼마 전 나는 법당에 나오는 초, 중, 고생들과 불교미술의 전시회가 있어 교육상 좋을 것 같아 국립박물관을 찾았다. 이곳저곳을 둘러보는 도중 조명 속에 빛을 발하는 뭇 시대의 불상 앞에 부딪히자 우리들은 저절로 합장하고 바라보고 있었습니다.

한참을 바라보던 초등학생인 한 아이가 "스님, 저 속의 부처님은 왜 법당이 아닌 저 속에 갇혀 있어요?" 하는 갑작스런 질문에 한참이나 말문이 막혔습니다.

아이의 쉬운 질문에 나는 쉽게 말이 나오지 않았습니다.

일요일이면 법당에 나와 절하는 아이들이기에 부처님께서 왜 이 속에 있느냐는 질문을 국보요, 문화재라는 이름으로 설명하기에는 바른 대답이 아니라는 생각이 미쳤기 때문이었습니다.

부처님께서는 살아 생전 가르침 속에 진리의 길을 보였을 뿐 신神이라는 눈에 보이지 않는 추상적 모습을 거부하시고 어떤 상相

도 만들지 말라고 하셨습니다.

"상이 없는 상이 붓다의 참 모습이요, 죽지 않는 영원의 빛이 붓다이며, 일체의 생명이 붓다이니, 너희가 붓다임을 알라."고 이르셨습니다.

사실 초기 불교에서는 불상의 자취가 없었습니다. 부처님의 제자들은 스승의 유훈을 받들었습니다.

"내가 열반에 들더라도 너희는 진리를 벗 삼아 게으르지 말고, 정진할지언정 나의 육신에 집착하지 말라." 하신 말씀에 제자들은 가르침을 결집하면서도 어떤 불상을 만들지 않았습니다.

그러나, 부처님의 상相이 불멸 1세기를 전후로 대승불교가 발생하면서 붓다의 그리움에 젖은 사람들의 서원으로 불상이 조성되었다고 하는 것이 학계의 정설인 것 같습니다.

그리고, 시대를 관통하는 붓다의 역사성 속에서 각기의 나라마다 다양한 불상으로 살아 숨 쉬는 생명의 호흡을 불어넣으며, 불상의 조성이 이루어지고 사람들의 공덕을 쌓는 신앙의 패러다임으로 자리매김한 것입니다. 그리고, 오늘날까지 다양한 모습으로 어떤 장엄보다 화려하고 아름다운 장엄으로 살아 있는 화신이 되어 사람들 믿음의 뿌리가 되었고, 미래가 다하도록 그러하리라 믿습니다.

우리의 생활 속에서 모자람이 있을지라도 간절하게 기도하는 우리에게 불상의 자리는 난해한 경전의 암송보다 어루만지며 품어 안는 아이의 어머니 같은 모정으로 다가서 있는 것입니다. 다시 말하면, 불상의 의미는 중생들에게 함께할 수 있는 부처님에 대한 최상의 존경이요, 찬탄이며, 신앙이요, 숨 쉬는 부처님의 참 모습이요, 시대를 뛰어넘는 구원의 정신으로 승화되고 있는 것입니다.

하지만 이러한 불상 앞에서 오늘 우리는 어떤 모습을 취하는가? 역사의 시간을 따지고 예술성, 희소성의 잣대를 들이대며 문화라는 미명으로 울타리를 치고 국보니, 보물이니 하면서 다칠까 봐, 훔쳐갈까 봐 창고 속으로 철쇄를 채우고 있으니 참으로 안타까울 뿐입니다.

언제 부처님이 넘어지고, 다치고, 훔쳐질까 걱정했습니까?

거리에서 거리로 마지막 임종까지 부처님은 우리들 곁에서 숨쉬며 따스하게 우리의 손을 잡았습니다.

생각해 보십시오! 신앙의 부처님이 문화재라는 구경꾼의 한낱 도구로 지정되어 조명 속에 옴짝달싹 못하고 갇혀 있다는 것이 불교인으로서 이해되고 납득되는 일인가요?

기독교의 어느 오랜된 십자가 예수상이, 이슬람 마호메트가, 기능하지 못하는 창살의 감옥에 갇혀 시대를 시비하며 구경꾼의 대상이 되고 있음을 보았습니까?

담마진리 이외의 상을 만들지 말라는 부처님의 유훈을 어긴 우리의 과보라면 할 말이 없습니다. 그러나, 그것이 아니지 않는가?

부모 잃은 아들이 부모를 생각함은 아들의 그리움의 영원성이 듯이, 부처님을 보고 싶은 중생의 영원성의 그리움이 불상인 것입니다.

불상은 그것이 어떤 불상일지라도 중생의 그리움에 젖은 살아 숨 쉬는 구원의 어머니인 것이요, 살아생전의 중생을 인도하고 어루만지신 부처님 원형인 것입니다. 나는 아이의 깨끗한 지견 知見에 한없이 부끄러워 그냥 바라보고만 있었던 마음을 참회하였습니다.

아이는 나에게 정견正見의 눈을 뜨게 한 스승이 되었고 내 안의 부처와 나 밖의 부처가 하나임을 다시 알게 하였습니다. 법당으로 돌아온 나는 아이들과 함께 108배를 올리며 기도하였습니다. 붓다의 살아 있는 장엄을 위해서, 그리고 민족의 역사 속에 살아 있는 불교, 역사의 아이들에게 참 신앙이 이루어지도록 부처님을 제자리로 모시는 일이 불자들의 소명이 되어야 하겠습니다.

# 희망의 노래를 기도하라

삶이 힘겨우면서도 수백만 인파가 모이는 동해안을 보고 싶어 사람들과 함께 완행열차에 마음을 실었습니다. 발 디딜 틈조차 없이 기차 속은 사람들의 애환 담은 왁자지껄 이야기 속에서 겨울날의 삭풍도 따스하게 하였고, 사람들 표정은 각양각색이지만 그래도 밝아 보였습니다.

새해 첫날 새벽녘, 정동진역은 인산인해의 사람으로 들끓는 시장이었습니다. 파도 넘치는 바닷가 해안에는 사람들의 빽빽한 밀림 같았습니다.

살을 에는 겨울 하늘 사이로 뜨겁게 떠오르는 새해 아침의 태양! 사람들은 노래 부릅니다. 대합창의 연주로 희망을 노래합니다. 절절하게 살아온 한 해의 아픈 찌꺼기를 털고 용광로의 불꽃같은 저 붉은 태양을 보며 희망을 품는 한 해를 열망하는 애절한 기도 소리도 들었습니다.

나는 그들의 합창연주를 들으면서 절로 부처님의 소리가 떠올랐습니다.

"모자람이 있을 때마다 기도하라.

열반행복이 그대 품 안에 있느니라."

부처님께서는 바다 위에 사람들과 함께 나투시었습니다.

그 속에는 사리불, 목련, 눈 먼 아나율, 불가촉 천민 니이다이, 앙굴마라, 그리고 나도 보았습니다.

"아나율아, 너는 행복을 추구하느냐?"

"네, 세존이시여. 피안에 도달하는 행복을 추구합니다."

"아나율아, 나도 사람들과 같이 기도한단다."

불가촉 천민 니이다이는 당황하여 분뇨통을 붓다 앞에 쏟습니다. 두려움으로 어쩔 줄 몰라 하며 니이다이는 용서를 빕니다.

부처님은 조용히 다가가 그의 손을 잡습니다.

"니이다이야, 나를 따라갈까?

나의 법은 더러움을 씻는 깨끗한 물이니라.

나는 세상의 모든 것을 받아들이니라.

내 안에는 빈부귀천이 없단다.

귀하고 천함은 마음이 빚어낸 것,

진리의 단 이슬은 희망의 사람이 마시리라.

니이다이야. 행복의 감로를 마시자구나."

붓다는 둘의 손을 잡습니다. 둘은 깊은 정진기도로 천안을 이루고, 위없는 수행자로 태어납니다.

희망의 기도 ― 기도는 이루지 못할 것이 없는 우리의 보배검입니다.

나는 태안반도 기름유출에서 보았습니다.

추위에도 아랑곳 없는 수백만 봉사자의 손길에서 다시 태어난 희망의 푸른 바다를 보았습니다. 생명의 바다를…. 행복은 희망을 가진 자의 씨앗에서 발아되는 것을 두 눈으로 보았습니다.

그렇습니다. 연기하는 황홀한 세계 속에서 희망은 노력하는 자의 몫이라는 것입니다.

우리는 안다고 하면서도 모르고 사는 삶의 연속 아닙니까?

모르기에 의존적이며 운명이라는 굴레에 갇혀 삽니다.

부처님은 운명이라는 의존적 삶을 단호하게 거절합니다.

부처님은 사람의 희망을, 사람의 행복을 노래합니다.

노력은 깨어 있는 사람의 행동이요, 실천이다. 자각自覺이 있는 사람, 그는 희망이요 행복이다… 라고.

나도 수백만 인파의 향연 속에서 손을 모았습니다.

사람들 가슴속으로 들어가자, 어루만지자, 사람들을 두려워할

줄 아는 누운 풀잎 되어 낮춤으로, 사람들의 소리를 들을 줄 아
는, 희망의 노래를 부르는 희망의 사람이어야 한다… 라고 나는
뜨거운 가슴으로 기도하였습니다.

"사람들로 하여 이 한 해 다함없는 희망의 노래를 부르게 하소서."

# 부처님의 눈물이여

부처님께서는 어느 날 출가를 위해 길을 떠난 가섭을 맞이하러 제자들과 멀리 동구 밖까지 나가서 자리를 펴고 기다리셨다. 누가 오기에 부처님께서 이렇게 직접 마중을 하시는가? 하고 놀라는 제자들에게 훗날 나의 법과 승단의 광영을 이끌어 갈 수 있는 제자를 맞이함에 소홀할 수 없다고 조용히 이르신다.

"나의 제자여, 참 잘 오셨소. 나는 그대를 기다리고 있었소." 하시며 붓다 옆에 자리를 마련하고 앉게 하셨다.

그는 마하가섭이다. 붓다의 예언대로 두타제일 수행인이 되어 훗날 승단을 이끌고 경전을 결집하며 불법을 전하는 데 심혈을 기울인다.

"중도中道로서 거짓없는 참 마음, 겸손과 낮춤으로 분수에 넘치는 욕심의 억제, 투쟁을 쉬고 조화를 이루는 생활, 혼자가 아닌 사람들과 함께 행복열반하라."

"중도의 마음 행함이 자비慈悲요,
마음의 밝은 길이 지혜智慧요,
자비와 지혜의 다함이 해탈이요 열반이다."

붓다의 밥을 먹는 승가인은 붓다의 깨달음을 수심修心할 뿐만
아니라 사람들에게 보이고 가르쳐 알게 하는 소명을 짊어져야
한다. 그 소명은 사람들에게 행복을 심는 아름다운 집단, 본받을
만한 질서의 평화집단이 되어야 한다.
그러한 집단은 사람들의 귀의처요, 실현되어야 할 이상으로 승
가라 부르기 때문이다.

작금, 우리 승가는 승가 본분사를 짊어지고 사람을 위한 소명의
지도자로 행동하는가를 생각할 때, 솔직히 말하여 참으로 부끄
럽다는 생각을 떨칠 수 없다. 종교 지도자의 말 한마디는 수많은
군중을 웃고, 울리는 감동의 작용이 있다.
선종한 김수환 추기경의 "병든 현실 사회를 치유하지 못함에 나
는 바보야."라고 하는 독백의 소리가 사람들 마음을 울리는 것은
무엇일까? 그의 외모가 출중하여 감동을 준 것이 아니라, 그가
보여 온 말 한마디의 무게와 행동이 감동을 준 것이다.

"종교가 사람을 향하여 감동을 주지 못하면 그 종교는 생명력을

잃는다."고 한다. 과연, 우리 승가는 사회에 감동을 주고 생명력 있는 역할을 하고 있는가? 입만 열면 보살선행을, 불사공덕을, 지혜와 깨달음의 소리를 핏줄 세워 외치고 있다. 그러나 그 외침들이 감동의 울림보다 공허한 메아리로 들림은 왜 일까?

그것은 우리 승가에 반드시 문제가 있다는 반증이 아니고 무엇이겠는가?

"진실한 말은 아름답지 못하나, 진실하지 못한 말은 아름답다." 고 노자는 설파하였다.

설법단상에 오르면 욕심을 끊어 해탈을 구하라하고 명예를 닭벗에 비유하며 청정의 마음을 강조하면서, 단상에서 내려오면 세속의 양심보다 더한 욕심을 탐닉하고 치열한 권력싸움에 매몰되어 오염의 연못을 이룬다면 그것이 설사 일부일지라도 그러한 승가에 누가 믿음으로 따르며 감동하겠는가? 이러한 부끄러운 승가 인상이 곳곳에서 집체적으로 일어났을 때, 승단의 사회적 추락이 어떤 것인지는 새삼 말한들 무엇 하겠는가?

작금, 자기만의 오만과 독선이 날개를 치는 불교 승단의 어두움에 동사同事하시는 부처님은 눈물을 흘리고 계시리라.

부처님의 눈물은 다름 아닌 비승가적인 것의 눈물이리라.

사람들에게서 희망의 열매를 거두지 못하는 아픔의 눈물이며, 밭을 갈고 있으면서도 씨앗을 뿌릴 줄 모르는 우매함의 눈물이리라.

그러나 축적된 부처님의 기름진 땅은 무척이나 풍요하고 넓다. 씨앗은 넘쳐나고 있다. 선사先師들이 남긴 1700년 유산의 유·무형의 자산들은 우리가 거두어 다시 뿌려야 할 귀중한 씨앗의 보고들이다. 붓다로 하여 살아야 하는 승가는 붓다의 알곡을 거두기 위한 뼈를 깎는 새로운 작업을 해야 한다. 새로운 작업은 스스로 품고 있는 부처님을 바로 보는 것이리라.

부처님은 상처 나고 몹시 힘들고 고생스러운 아픔의 중생을 품어 치유하는 샘솟는 샘물이다.

"중생의 아픔이 없으며 붓다의 대비도 없다. 중생 섬김이 여래를 섬김이요, 중생 환희심이 여래의 환희심이니 중생이 없다면 보살은 위없는 깨달음을 이루지 못하리라."고 〈보현행원품〉은 가르친다.

중생구제의 부처님 본원은 요즈음 말로 최상의 헌신적 서비스다. 그 진정한 붓다의 서비스에 사람들은 감동하고 환희하고 신명을 바쳐 공양했던 것이 아닌가!

사람을 위한 진정한 서비스가 이루어지는 승가상이 요구되는 때가 지금이다.

# 욕망의 사슬에 묶인
# 한국사회

"밧줄이나 쇠사슬에 묶이는 일 그것을 견고한 결박이라고 할 수 없느니라. 재물이나 욕망의 굴레에 얽매이고 탐욕에 사로잡혀 찌든 마음의 결박은 쇠사슬에 묶인 것을 풀어준다 해도 벗어날 수 없느니라."

어느 날 부처님께서 기원정사에 계실 때, 법의 문을 여시고 제자들에게 하신 말씀이 오늘의 욕망에 묶인 한국 사회를 깨우는 시금석이 되기를 손 모아 빌어 본다.

2009년 4월의 대한민국은 야만국이다. 욕망에 눈이 먼 야수들의 약육강식을 보고 있는 듯하다. 장자연의 사건이 상징하는 비윤리적 부에 해한 동경과 욕정들, 박연차 리스트가 보여주는 권력과 물질만능에의 부도덕한 의지와 기생의 일그러진 형태들, 이것은 인류가 문명이라는 이름으로 자랑스러워했던 민주라는 가치를 단숨에 전복시켜 버렸다.

유럽의 중세를 암흑기라 부른다. 사제와 귀족의 횡포가 시민들을 결박했다. 신권神權의 권력이 대중을 통제했고, 어둠의 동굴 속으로 몰아넣었다. 참을 수 없었던 시민들은 봉기하였다. 계급과 종교적 억압의 신권을 타파하고, 사람이 중심이 되는 사람의 사회를 만들기 위해서였다.

프랑스혁명은 자유, 평등, 박애였다. 인간 기본권에 대한 가치의 열망이었다. 프랑스에서 시작한 혁명의 기치는 역사 속에서 대부분의 국가에서 수용되었고, 현대인은 그 결과물들을 누리고 있고 누리려고 노력한다.

그러나 불행하게도 2009년 4월의 대한민국은 오히려 뒷걸음질 치고 있다. 퇴임하는 대통령마다 권력을 이용한 물질적 탐욕에 어지러운 춤을 추었다. 퇴임의 자리가 국민에게 죄송하다며 고개 숙이는 결박의 사슬이니 이것을 보는 국민의 마음은 상처 나고 괴로울 뿐이다. 인터넷과 매거진은 어떠한가. 욕망의 무희가 쓰나미처럼 파도친다. 일순 지나가는 즐거움의 욕망이 아니다.

스타들의 일거수일투족을 감시하는 네티즌들의 클릭이 가히 폭발적이요, 연예인들의 화보와 패션에 열광하는 워너비들이 진을 치고 있다. 어떻게 하면 스타들과 비슷한 짝퉁이 될 수 있는가를 진지하게 설파한다. 선망은 집착을 낳고, 집착은 어느 순간 자신이 그들과 다르다는 생각이 미칠 때, 애증의 강을 만들며 악플을 생산한다.

자신이 소유할 수 없는 것에 대한 분노와 좌절의 상처는 타인에 대한 무차별 공격으로 나타난다. 무조건적인 짝퉁 연예인과 스타가 되고 싶어하는 수많은 청소년들의 현재는 민주사회가 내걸었던 생명의 가치를 배신하는 가슴 아픈 상처로 다가오고 있다.
타파의 대상이었던 특권 계급과 신권의 계급은 중세를 방불케 하며, 다시금 열렬한 광신·맹신의 종교가 탄생하는 것 같다. 강남으로 상징되는 부의 숲 속에는 외피만 바꿔 입은 중세의 신권과 특권 계급들이 회귀함을 보는 것 같다. 정치인과 기업들의 범법 사실이 밝혀져도 사람들은 믿지 않는다. 그들이 소시민과 똑같은 법의 잣대로 심판되지 않는 한 그들은 소시민이 아님을 무수히 보아온 사건들을 통하여 확인할 뿐이다.

권력과 탐욕이 만든, 평등의 가치를 무시한 기형적 법이 집행에서 사람들은 당연히 특권계급으로의 진입과 열망을 꿈꾼다. 누가 누구에게 돌을 던지며 탓하고 비난하겠는가?

지구의 저편에서 일어난 나라의 혁명이었지만 위대한 시민들의 봉기요, 희생을 자랑스러워하며 법치를 이루고 평등사회를 만든 자유의 덕목이 우리에겐 사장된 역사가 되어 버린 것 같다. 대중의 희생과 피를 토하며 얻어낸 대한민국 자유민주주의의 가치가 부를 좇는 특권 계급의 욕망으로 대체되는 것 같아 씁쓸하기만 하다. 욕망의 사슬에 묶인 우리 사회, 욕망의 절제가 행복이라는 성언들이 참말로 부끄럽기만한 요즈음이다.

— 〈2009년, 불교신문〉

# 불교는 내일의 희망이어라

## 불교의 문

불교, 부처님의 가르침은 모든 생명들이 자유와 행복을 위하여 닦아야 하는 마음의 세계, 극단적인 신의 섭리가 아닌 누구에게나 평등한 생명의 보편적 가치를 역설하신다.

오늘의 다수 세계 민중들은 물질만능의 자본의 양극단 속에서 좌절하고 실의에 신음하고 있다. 권력과 돈이 결탁한 월가를 향하여 파업하는 군중들의 소리가 무엇이겠는가?

지금 세계 사람들은 독점과 독주를 위해 사생결단이며 승자가 모든 것을 독식하는 살벌한 정글을 이루고 있다 해도 과언이 아니다.

"돈의 권력이 말을 할 때 인간은 사악해진다."고 말했다. 돈이 고인 사회는 행복을 품는 건강한 사회가 아니다. 우리 사회가 소통의 부재와 불안과 불만이 팽배한 것도 돈의 권력 때문이다. 행복한 새로운 흐름의 변화를 위해서는 오욕으로 물든 우리의 때묻은 마음을 털어내지 않으면 안된다.

행복이란 대립과 분열, 특권과 변칙으로는 이룰 수가 없는 것이다. 승자가 모든 것을 독식하는 마음들을 청산하고 독점이 판치는 정글을 공생에 바탕하는 공동체로 전환하고 서로의 모자람을 메워주는 인간의 체온이 선순환하는 유기체적 환경을 가꾸어 나가야 한다.

이것이 천지동근天地同根 이위중생以爲衆生, 세계가 하나로 한 뿌리인 중생을 위한 행복을 수행하는 길이라고 말하는 것이다.


그러나, 정치나 경제의 구석구석이, 종교라는 곳에도 예외 없이 돈이라는 권력이 그림자를 드리우고 있다. 한없이 좋을 것 같았던 자본주의 폐단은 공존과 상생이 아닌 양육강식의 늪으로 빠져들고, 인간 개체의 고독과 소외, 갈등과 대립은 민주주의라는 말을 무색하게 만들고 있는 것이다.


오늘날 동서양의 예언자들은 인간위기를 극복하기 위한 인간의 근본문제를 다시 묻고 있다는 것이다.

고통과 괴로움 등의 본질적 문제를 물으면서 그들은 불교의 문을 열어가고 있는 것이다. 긴 역사를 통하여 불교는 신의 섭리와 율법의 절대성, 사람의 차별성을 보지 않고, 하나의 세계, 하나의 생명으로 평등함이요. 모든 생명이 자각을 통한 자유·행복의 성취를 역설하고 있다.

탐욕의 욕망을 절제하고 순수의 마음으로 정토를 이루어 평화를 이루라고 붓다는 가르치는 것이다. "진흙 속에서 핀 한 송이 연꽃이 되라"고….


## 불교의 세계성

거짓된 자아自我의 욕망, 아집을 버리고 무아無我의 생명을 통찰하여 영원히 안락한 것을 가르치는 붓다의 가르침은 19세기 들면서 실존주의의 많은 지성들에 의해 역설되어 왔다.

현재는 탈 산업사회, 탈 역사집단주의를 외치며 녹생평화, 페미니즘, 환경운동을 통한 행복으로 가는 삶의 방식을 불교에서 모색하고 있는 것이다.


"머리로 이해할 수 없는 것은 가슴으로도 이해할 수 없다."는 존셀비 스퐁의 말처럼 오늘의 서구 사람들은 기독문명의 삶에 불안을 느끼고, 인생의 근본이 무엇이냐는 정신적 갈등에서 불교를 선향하고 있다는 것이다.

왜 그들은 불교에 귀를 기울이고 눈을 뜨는가?

무엇보다도 불교는 인간의 제반 행위를 어떤 신의 섭리에 맡기지 않고 자신의 책임으로 돌아보는 자기 마음을 성찰하는 것과 신성을 스스로 실현하고 모든 생명의 긍정적 성불론을 갖는 휴머니즘이요, 일체 생명을 품는 자연환경적인 연기의 세계관에 매력을 느낀다는 것이다.

또한, 기독의 역사처럼 불교의 역사에는 폭력적 전쟁의 역사가 없는 평화와 자유의 종교로 각인되고 있는 것이다.

종말과 심판을 향한 성서적 신앙에 회의를 품고 과다한 역사피로증후군을 앓고 있는 사람들에게 초월성을 찾으려는 참선, 요가, 명상과 윤회 업보의 자기 구현에 그들의 마음을 물결처럼 움직인다는 것이다.


## 내일을 위한 문

눈을 떠 보라. 자신이 소유할 수 없는 것에 대한 분노의 화는 타인에 대한 무차별적 공격을 퍼붓는다. 세계의 청소년들은 무조건적인 짝퉁 연예인, 스타가 되고 싶어 민주사회가 내건 생명의 가치를 배신하며 신음하고 있잖은가?

권력과 탐욕은 평등의 가치를 무시한 특권계급의 기형적 법을 집행한다.

인터넷과 매거진은 어떤가? 욕망의 무희들이 산더미처럼 파도치며 심리불안에 애증의 강을 만들며 악플을 생산한다.

그럼에도 이 시간 역사는 되풀이되고, 불교는 세계인의 눈과 귀에 새로운 사상의 씨앗을 뿌리고 있다. 세계의 구원을 위한 보살들의 함성이 지구촌을 염려하고 있다.

진리는 가만히 있는 것이 아니라 내일 또 내일, 쉼 없이 움직이는 빛이다.

세계속의 인류규원의 불교를 실현하기 위해 오늘 우리는 바람이 몰아치는 사막의 모래 속에서 이루는 끈질긴 생명의 몸부림과 삶의 고통을 품 안에 끼고 이루는 순백의 사랑으로 새로운 길을 수행하고, 묻고, 배우는데 게을리해서는 안 된다.

세계는 엄청난 속도로 변화를 이루고 달리고 있다. 묻지 않고 배우지 않고 실천하지 않는 불교, 게으른 승가가 된다면 어떻게 세상을 인도하겠는가?

3000년 지구촌에 살아 있는 붓다의 출가정신의 유산은 인류구원의 뿌리다. 이 유산의 문을 활짝 열어 빛으로 승화되는 날. 우리 인류는 평화의 밥상, 행복의 꽃이 피어나는 삶이 이루어지리라.

# 제2장

깨달음의
법고소리

깨달음이란 무엇인가요?

나는 깨달음이 멀리 있다고 생각지 않습니다.

깨달음은 바른 눈, 바른 귀, 바른 입, 바른 의식 속에 있습니다.

바르게 보고, 바르게 듣고, 바르게 말하며, 바르게 생각하는

일상의 우리들 모습입니다.

깨달음은 우리들 곁을 항상 지키며

우리와 함께 생활하고 있는 것입니다.

그것을 알아차리는 것입니다.

# 인생, 여여한 여행 속에서

인생은 달리는 경주가 아니니
여여한 여행을 떠나는 나그네이네

실다움은 미지의 내일이 아니니
지금 여기서 내가 숨쉬는 곳이네

죽음도 삶이라는 한 여정이니
그것을 받아들이는 사람, 행복이 감싸네

손, 발을 움직이고 움직이니
참으로 자유가 살아 있는 순간이네

깨어 있는 사람 반야의 눈이니
여여한 여행 속에 자기를 보는 사람이네

# 그날로 만족하여라

붓다는 제자들에 항상 말씀하신다.

내일을 염려하지 말라.
내일은 내일에 맡겨라.
그날은 그날로 만족함이 좋으리라.

과거도 보지 말라.
내일도 보지 말라.
오늘 게으르지 말고 성실하게 일하라.
자기를 위해서 재보를
자기의 굴 속에 축적하지 말라.

거두어 모으지 않아도
공중의 새는 날고 살아가듯이
꾸미어 짓지 않아도
꽃은 아름답고 향기를 피우듯이….

오늘 하루의 내 몫에
나는 지금 만족하고 있는 마음인가?

# 인류의 행복은
# 무아의 깨달음이다

세계의 생명세계를 붓다는 연기세계로 보았습니다. 그리고 연기
세계에서 일체의 생명세계의 근원을 무명이라 하였습니다.

이 무명無明은 이름도, 빛깔도, 모양도 없는 존재라는 것으로 이
것을 유식학에서는 아뢰야식 곧 저장되어 보이지 않는 어둠의
생명세계라 불렀고, 무아無我의 본질이라고 하였고, 7세기경 용
수보살은 '공空의 세계'라 하였습니다.

서산대사도 〈선가귀감〉에서 일렀습니다.

"여기에 한물건이 있으니 눈도 귀도, 그 어떤 모양도 없이 여여
이 빛나고 빛나도다."

또한, 현대의 서구 과학에서는 카오스 곧 혼돈의 세계라 규정하
고 있는 것이 아닙니까? 다시 말하면 무명은, 무아라는 것은 본
질적 실존이 없다는 것이 아니라, 이름도, 빛깔도, 형상도 분별

이 없기에 도저히 우리들 눈으로는 보이지도 볼 수도 없는 존재의 어두운 덩어리라는 뜻이 아니겠습니까? 그래서 태초에 생명이 탄생되는 곳, 생명의 시작을 서구 과학에서는 혼돈에서 왔다고 말하고 있는 것입니다.

이 무명의 덩어리가 처음 움직이는 것을 行행이라고 하는데 이 처음의 움직임行으로부터 식識이 발생하는 이것을 업력業力의 시작이라고 부르는 것입니다.

이 행과 식의 업력으로부터 자아自我가 발생한다는 것이고, 이 자아의 발생이 우리의 생로병사生老病死 생주이멸生住異滅을 반복하니, 이것을 또한 윤회라고 합니다. 이 자아발생이 인류역사의 시작이요, 인류역사는 곧 자아의 창조역사와 자아투쟁의 역사인 것입니다. 또한, 자아투쟁의 확대가 사회적 권력, 국가적 권력으로 형성된 것입니다. 이 자아의 권력이 갈등·대립하고 분열되고 서로 투쟁하며 약육강식의 생명세계를 형성하고 있는 것입니다.

오늘날 민주주의라는 것도 깊게 들여다보면 나를 기초로 한 조건적 투쟁이라 말할 수 있을 것 같습니다. 강대국들의 세계를 향한 모양새를 보십시오.

경제권력, 정치권력은 힘을 가진 강대국들의 소유물일 뿐 힘없는 국가들의 권력이 있습니까? 경제나 정치의 권력도 그렇지만 눈에 안 보이는 언어 권력을 보십시오. 강대국의 힘없는 국가에 대한 언어는 가히 폭력적입니다. 강대국들의 말에 비판을 가해 보십시오. 그들은 서슴없이 보복을 가하고, 타격을 주는 것은 물론 전쟁도 불사합니다.

또한, 인간 속에서 일어나는 대부분의 갈등과 원한도, 인류역사의 대립이나 분열도 언어권력에서 나오는 것을 보면서 나는 언어권력이야말로 어느 권력보다 힘이 있고 강하다는 것을 느낍니다.

나는 이러한 강대국과 약소국가들의 관계를 보면서 오늘의 세계 민주주의라는 것도 조건적인 민주주의의 투쟁이라고 부르고 싶은 것입니다.

이렇게 분열하고 대립·갈등하는 세계를 고해苦海라고 명명하였고, 이러한 세계에서는 결코 생명의 행복, 평화는 이룰 수 없다는 것을 직관력으로 자각한 성자가 붓다인 것입니다. 지금 붓다는 유아有我의 자아에 집착되어 고통, 괴로움을 짊어지고 사는 모든 생명들의 행복을 위하여 생명세계의 본질인 무아를 자각하라고 하시는 것입니다.

오늘날 동서양 많은 지성들도 자아의 역사투쟁으로는 인간의 행복을 심을 수 없다는 것을 중세 암흑기를 거치면서 자각하여 왔습니다.

특히, 실존철학자라 불리는 하이데거, 야스퍼스, 교육철학자 슈바이처, 과학자인 아인슈타인, 빅뱅론의 스티븐 호킹 등등은 세계의 평화, 행복은 붓다의 무아에 회귀하는 평화이론을 설파하고 있지 않습니까?

그렇습니다. 붓다께서 말씀하시는 자아의 완성이란 무아의 깨달음을 말하는 것입니다.

무아의 깨달음은 요익중생을 실천하는 자애로운 보살심이요, 보살행이며 보살수행입니다.

무아의 역사투쟁, 무아의 깨달음은 곧 인류의 평화요, 인류의 행복인 것입니다.

universal democracy the all mens happiness

# 깨어 있는 사람은 (1)

어느 날 도반이 찾아왔다. 오랜만의 만남이라 반가웠다.

초저녁의 만남은 자정을 넘어 계속되었고, 도반은 지치지도 않고 열변을 토했다.

나는 묵묵히 도반의 열변에 귀를 기울였다. 일방적으로 몇 시간 동안 도반의 말만 듣고 있노라니 짜증이 나서 이렇게 물었다.

"너에게 문제가 아닌 것은 무엇이냐? 정치도 문제고, 경제도 문제고, 사회도, 종단도 문제이니…. 어떻게 수행자라고 하는 너는 온갖 문제인 것들만 가지고 사니? 사탕 같은 달콤한 문제는 하나도 없이 말이야."

"그게 무슨 소리야?"

"그렇지 않니? 지금 우리가 몇 시간을 넘게 이야기했는데 너는 세상의 모든 일들을 문제 투성이로 보고 있잖니? 네 말에 한번 너 스스로 귀 기울여 보라. 네 주위에는 유난히도 많은 문제가 생기는지? 모든 것을 문제로만 보는 너에게 문제인지?"

우리들은 우리 사회 주변이 문제로 가득하다고 생각하는 사람이 많은 것 같습니다.

그런 사람들의 눈에는 모든 것이 끝도 없는 문제로만 보이는 모양이고, 이것도 문제고, 저것도 문제고, 작아도 커도 문제고, 안되어도 잘되어도 문제인 것 같습니다. 국민소득 2만 불이 되면 어려운 문제들이 없어질 줄 알았는데 100불 때보다 오히려 문제가 복잡하게 쌓이기만 하고 풀리는 문제보다 풀리지 않는 문제로 꼬이기만 한다면서 불평입니다.

그러나, 우리 한번 곰곰이 생각해 봅시다.
누가 문제를 주었는가? 문제들을 누가 나에게 억지로 만들어 떠넘겨 준 적이 있는가? 그런데도 문제를 안고 끙끙 앓는 사람들이 많으니 왜 그럴까?

야외놀이를 가려고 하는데 비가 와서 망쳤다고 말합니다. 날씨는 미움도, 원망도 없이 그냥 순수한 자기 길을 가고 있는데, 비 오는 날씨가 자기를 망쳤다고 불평하는 것을 많이 봅니다.
한 번 깊이 깨어 있는 마음으로 보십시오.
기분을 망치게 한 것은 무엇인가?
날씨인가? 자기인가?
우리의 무슨 수단으로도 바꿀 수 없는 날씨를 내가 원하는 대로 바꿀 수 있는 마음이 보이는가?

날씨가 야외놀이를 망쳤다고 원망하는 마음으로 날씨를 자기 원하는 대로 어떻게 해보려는 어리석음으로 세상사를 보니 세상사 모두가 문제 투성이로 보이는 것은 아닌가요?

비오는 날씨가 모든 사람의 기분을 나쁘게 하는 것은 아닙니다. 우산 하나를 쓰고 빗속을 걷는 연인은 빗속에서 더없는 솜사탕 같은 사랑을 나눌 수 있고, 목말라 하던 대지, 초목들은 촉촉이 목을 적시며 살맛의 환희를 느낄 것입니다.

그런데도 자기의 뜻대로 되지 않는다 하여 생각 없이 날씨를 탓하고 원망하는 우리들이다. 이렇게 탓하고 불평하며 미숙한 생각으로 대부분의 삶을 사는 것이 아닌지….

만약, 그렇다면 그것은 우리가 세상사의 원리에 깨어 있는 마음이 없기 때문일 것입니다.

불자들이 부처님, 부처님 ― 하고 부처님을 부른다고 부처님을 아는 것이 아닙니다.

부처님, 부처님 하는 것은 어린아이도 할 수 있고 녹음기, 앵무새도 할 수 있습니다.

부처님은 소리에 있는 것도, 등신불에 있는 것도 아닌 자기 마음속에 생생하게 살아 움직이는 부처를 보아야 합니다.

우리가 더욱 아름답게, 행복하게 장엄키 위해서는 깨어 있는 삶을 가져야 합니다.

붓다를 아는 눈과 귀, 마음이 있어야 합니다.

자기 속의 부처를 보지 못하고 누구를 원망하고 무엇을 탓만 하는 사람 — 그는, 시인행사도是人行邪道 삿된 길을 걷는 사람이요, 불능견여래不能見如來 부처를 볼수 없으며 여몽환포영如夢幻泡影 꿈에 허상을 보는 사람인 것입니다.

길 가운데서 꿈틀거리는 애벌레를 보십시오.

앞에 놓인 돌멩이도, 나뭇가지도, 물웅덩이도, 모두가 엄청난 문제입니다. 그러나 애벌레는 기어이 장애물을 기어 넘어 하늘의 나비로 탄생합니다.

나비에게 새 생명은 모든 것이 환희이며, 더없는 자유입니다.

우리도 한번 나비같이 부정의 장애물을 뛰어넘어 황홀하게 펼쳐지는 나비의 생명같이 신비로운 우리의 생명을 환희롭게 축복하여 봅시다. 그것은 깨어 있음이요, 깨어난다는 것은 생명 속에 있는 것을 알아차리는 것입니다.

알아차리는 마음에는 ego自我가 없어야 합니다.

"더럽다, 깨끗하다, 좋다, 나쁘다"라는 분별 부호의 마음이 떨어져 나가야 합니다.

생각해 보세요! 삶이란, 억지로 풀어야 할 문제가 아니요, 세계 속의 본래 있는 것을 느끼고 경험하며 만들어 가는 생명의 경이로움이 아닌가?

경이로운 삶의 기운을 보는 눈이 열릴 때 비로소 문제는 풀리고 행복이 다가올 것입니다. 행복이 있는 시간은 모든 생명세계와 세상 사물을 있는 그대로 사랑하고 품어 안을 수 있을 때입니다. 깨어 있는 사람. 그는 해탈자요, 행복한 사람입니다.

# 깨어 있는
# 사람은 (2)

모두가 행복을 갈망하며 삶의 지평을 열어갑니다.

그럼에도 행복을 구하는 사람들의 행위나 생각들을 보면 오히려 행복과 멀어지는 행동들을 많이 봅니다.

"행복이란 지혜에 이르는 길이다."라고 가르치며, 지혜에 이르는 길은 자신으로부터 일어나는 느낌, 행동을 알아차림이라고 말합니다.

알아차린다는 것은 바르게 보는正見이요, 바르게 생각하는正思 것이며, 바르게 기억正念하는 일입니다.

보통의 사람들의 삶은 자기 안에서 일어나는 생각을 보지 못하고, 듣지 못하고, 기억하지 못하고 살아가는 것이 아닙니까?

스스로의 자기 안에서 일어나는 일들을 알아차리지 못하고 바깥의 보이는 일에만 휩쓸리며 다음에 다가오는 것을 모르는 것이 마치 몸속의 암 세포가 자라는 것을 모르고 사는 것과 같음이요, 건강을 위하여 과식하지 말라 하지만 맛깔스런 음식의 외형에 빠져 너무 먹어서 탈을 일으켜 건강을 해치는 것과 같은 것입니다.

다시 말해, 우리가 행복이라는 통로에 들어가는 지혜의 길이란 생각이나 감정, 느낌들이 바깥에 있지 않고 내 안에 있는 내면의 마음작용임을 깨닫는 것입니다.

보십시오! 비가 오고, 태풍 불고, 눈보라 쳐서 자기가 하는 일에 불편을 끼친다고 화를 내는 경우를 종종 보는데 그것이 화를 내고 할 일인가요?

비바람은 자기의 일을 하고 있을 뿐이요, 날씨는 춥다거나 덥다는 어떤 감정의 말을 하지 않습니다. 오직 내가 그렇게 여기는 감정과 느낌일 뿐입니다.

벌레나 뱀이 애초부터 싫어하는 동물인가? 그것들을 싫어하는 마음을 일상 가지고 사는 것은 아니지 않습니까? 뱀은 그냥 뱀이요, 벌레는 그냥 벌레일 뿐으로 싫어하는 마음은 나의 싫다고 물들어 있는 마음일 뿐인 것입니다.

이렇게 모든 생각이나 일들이 바깥의 모양에 있음이 아니라 내 안의 마음 작용임을 알아차리는 것이 지혜요, 이러한 지혜는 혼돈을, 어리석음을 넘어서 밝음이 있는 곳으로 스스로가 인도되니, 그곳을 우리는 행복의 적정 묘유妙有의 곳간이라 부르는 것입니다.

죄무자성종심기罪無自性從心起

죄는 자성 없이 마음 따라 일어나는 것이니


심약멸시죄역망心若滅時罪亦忘

마음이 소멸하는 때에 죄 또한 없어지리라


죄라는 것, 허물이라는 것, 좋은 것, 나쁜 것, 두렵고 화내는 것 등등 이 모든 것이 자기의 집착으로 만들어가는 것이니, 이것을 통찰하고 자각한 경지에서 일체에 걸리지 않는 자유로운 사람을 관자재觀自在보살이라고 부릅니다. 보살은 들녘에 피어 있는 꽃 한송이 있는 그대로 관조觀照하라고 합니다.


행복은 누가 주는 것이 아니라 스스로 비추어 갖는 뜻이라는 말입니다. 행복한 자유를 갈망하는 사람은 바깥 것에 집착을 버리고 자기의 틀 안에 갇혀 있는 잘못된 마음의 틀을 매일매일 새롭게 바꾸어야 합니다. 이 바꾸어가는 힘을 지혜라 부릅니다.
나는 오늘의 고통, 괴로움을 호소하는 사람들에게 행복을 위해 살아가는 생명 패러다임을 바꾸라고 말합니다. 그것은 남들이 변하기만을 투쟁하며 매달려 에너지를 낭비하고 또 그렇게 살아 갈 사람들의 아픔을 치유하는 길이기 때문입니다.


변해야 할 것은 오직 나 자신이요, 다른 무엇이 아님을 깨닫고 사는 것이 깨어 있는 사람이요, 지혜가 열린 사람이니 이 사람은 정진하게 되고 자기 영혼을 비추는 참수행의 길을 걷는 사람인 것입니다.

"생명에 있어서 죽는다는 것은 다시 영원히 살아 있음이다." 하신 붓다의 말씀은 내 안의 행복에 대한 생명의 찬탄이며 싱그러운 삶의 영원성을 말하는 것입니다.

# 진리의
# 담론

절대적인 것, 절대적인 진리가 있는가?

답하기에 어려운 질문이 아닐 수 없습니다.

기독교는 신을 절대적 존재로 하는 절대성의 종교로서 어떤 상대주의도 신 앞에 등장할 수 없고 상대주의는 신 앞에 죽음뿐이라 해도 과언이 아닌 신의 역사입니다.

그러나, 19세기 실존을 향한 물음에서 "신은 죽었다."라고 하는 니체 같은 실존주의 주장으로 기독교적인 가치관은 분리되기 시작합니다.

불교에서는 "모든 것에 절대적인 실상은 없다."고 말합니다.

하나의 현상이 나타나는 것은 서로가 다른 것에 의존하여 일어나는 연기의 세계라는 것입니다. 즉, 서로 의지하고 서로 도우면서 일어나는 연기의 세계라고 말합니다.

중국의 현인이라 불리는 장자편의 문답입니다.

어느 날 장자를 찾아온 곽동자가 물었습니다.

"진리道란 어디에 있는가?"

장자가 말했습니다.

"도는 어디에나 있다. 없는 곳이 없다. 아주 천하다고 여기는 똥,
오줌에도 있다. 귀하기로는 위없이 귀하고, 천하기로는 더없이
천한 것이네."

곽동자는 더 이상 말없이 자리를 물러났습니다.


의상스님의 〈법성게〉에 다음과 같은 글이 나옵니다.


일중일체다중일一中一切多中一

하나 속에 모두가 있고, 모두 속에서 하나이며


일즉일체다즉일一卽一切多卽一

하나는 많은 것에 많은 것은 하나에 닿아 있다.


무량원겁즉일념無量遠劫卽一念

무량의 시간들은 한 찰나의 생각이고


일념즉시무량겁一念卽時無量劫

한 찰나의 생각은 무량겁의 생각이다.

그렇습니다. 유有는 무無에 의존하고 무는 유에 의지하며, 무한 세계에서 서로를 맞닿게 하여 서로를 의존하고 있는 하나의 세계라는 것입니다.

수학에서 무한대인 0의 중심을 말할 때 0은 무한대이므로 반지름도 무한이라고 말하는 것은 유일적인 것은 없다는 뜻이 아니겠습니까?

다시 말하여 이것이 절대적이면 저것도 절대적이요, 저것이 절대적이 아니면 이것도 절대적이 아니라는 말로서, 진리는 절대적 중심이 없는 무한이요, 무한의 진리는 어디에도 있으나, 어디에도 없다는 것입니다.

붓다는 세계에 대한 실체는 그 어디에도 없으나 또한, 그 어디에도 있다고 설합니다.


선문답에 다음과 같이 나옵니다.

"불성佛性은 있는가?"

"그 어디에도 없다."

그러나 "길가의 버려진 개똥에도 있다."라고 합니다.

이 말은 유·무의 상대적인 물음이요, 답입니다.


원효대사가 해골물을 마시고 구역질을 하다가 깨달음을 얻었다는 뜻이 무엇이겠습니까? 우리의 판단이라는 것은 유·무 속에 담겨 있는 인식일 뿐이며, 이 인식은 어떤 환경이냐에 따라 지배되는 선입견일 뿐 완전한 것의 실체적 실상이란 존재할 수 없다는 말입니다.

〈화엄경〉의 제목인 '대방광불 화엄경'이라는 뜻은 '상대적인 세계가 아닌, 하나의 아름다운 세계로 보라'는 뜻입니다.
진리라는 세계는 서로를 비추는 거울의 생명이요, 작게는 먼지한 톨로부터 크게는 허공계 전체에 이르기까지 상의상자相依相資하는 무한의 존재라는 것입니다.

# 참선, 마음의 어둠을 뚫어내는 작업

요즈음 '간화선이다, 구두선이 조사선이다, 위빠사나 수행이다.' 하고 참선의 모양을 갖가지로 이름한다. 그러나 선이란 한마디로 말하면 '마음의 어둠을 뚫어내는 작업'이다.

어둠을 뚫고 뚫어서 구멍을 내어 보라.
어둠의 세계가 어둠의 내가 빛이 비추어 보듯 환하게 내가 나를 보고, 세계를 본다.
무명으로부터 나를 해방시킨다.
연기緣起의 세계에서 일어나는 생명의 구도들을 보는 것이다.

그리고, 인드라망으로 얽힌 무한의 원겁, 처처를 구경한다.
죽음과 태어남이 불이不二임을 보고 여일如一하고 신비로운 생명의 운행을 바라보는 것이다.

때時에 고통의 밧줄은 끊어지고

나의 영혼을 적정열반의 바다에 들게 하니,

이것이 참선을 하는 궁극의 길이다.

# 명상이란

명상은 자아自我의 내밀한 마음에서
세상을 살아가는 진실을 발견하는 것이다.


세상을 포용하고 스스로를 포용하는
아름다운 배움의 거소居所이다.
바깥 행위外的行爲의 자아충족은 명상이 아니다.


인생人生의 문을 여는 나의 영혼이
샘솟는 샘물처럼
지금 살아 있는 것들에 대한
바른 마음의 깨우침이 명상인 것이다.


명상하는 것은 갈구의 기도를 하는 것이 아니요
조용한 침묵도 아니다.
관계에서 이루어지는 세계에 대하여
타인이 깃든 그림자 없이,
순간순간 펼쳐지는 세계의 전개를 보고 듣고
스스로가 존재의 세계를 알아가는 것이다.

명상은 새로운 세계의 펼침이요 탄생이다.

유유한 강물의 흐름이요 살아 있는 깊은 바다요

소리 없는 깨달음의 음악이다.

영혼이 가진 영원의 침묵에서 나를 만나는 것이다.

# 항상 위대한 버림이 있으라

수행자는 무엇을 먹고 무엇을 입을까
무엇을 가질 것인가를 근심하지 말라.
법에 의해 걸식함이
고뇌를 벗어나고 해탈을 구하는 길이나니
항상 버림이 있으라.
삼의일발 三衣一鉢로 만족하여라.
생활의 청정함으로 수행자요
수행자는 청정함으로 열반이나니
항상 위대한 버림이 있으라.

수행자는 욕망을 절제하며 세상을 바르게
편력하는 사람이다.
끝없는 인생여정을 집착 없이 살라고 한다.
구름과 물이 흘러 살아 있듯이
수행자는 자기를 위하여 탐욕 없이 살아가라고 한다.
수행자를 운수납자라 하니 버리라는 뜻이다.
부처님은 한곳 나무 아래서
3일을 멈추지 말라고 하셨다.

# 붓다의 본성을 보라

붓다Buddha란 모든 생명체에 있는 생명의 불변요소입니다.
생명의 불변요인 불성Buddhahood이 붓다의 본성입니다.
"우리들의 본래 모습이 붓다이니라."라고 경전은 가르칩니다.

사람들아 그대 자신이 지금 그대로 붓다라는 사실을 이해하라.
무명의 그림자를 거두어 보라.
붓다의 밭이 네 안에 있나니 거름을 주어라.
물을 주어라.
붓다의 파릇한 싹이 돋아나리라.
지금 붓다가 되는 것이 아니라 본래 붓다라는 붓다의 얼굴을 보
리라.

초월론운동의 중심인물의 하나인 사상가 애머슨은 "인간은 폐

허의 신이다."라고 말합니다.

이 말은 불교의 입장에서 보면 하나는 알고, 하나는 모르는 반쪽짜리 소견 같습니다. 물론, 현상계의 무질서한 겉모습과 욕망의 광란으로 날뛰는 인간군무를 보고 있노라면 그런 주장도 이해는 갑니다.

그러나 "탐욕에 젖은 마음을 거두고, 때묻은 마음을 씻는다면 그대가 그대로 부처이니라." 하고 가르치는 불교의 입장에서 보면 인간은 폐허의 신도 아니요, 신의 예속물도 아닌, 신이라 불리는 그대로의 신의 모습이 인간의 참모습이 아닐까요?

오히려 인간이 생성하는 신이라 부르고 싶은 것입니다.

또한 물질로 이루어진 육체(肉體)에 대하여 사상가인 스키너는 육체의 추함을 주장하고, 육체의 모든 것을 부정하고 있습니다.

육체의 본성은 하등 추함이 있을 수 없고, 오히려 신비적 존재로 보는 것이 불교의 입장입니다. 다만, 인간의 육체가 영원하거나 전부인 것으로 집착할 때 육체는 추하게 된다는 것을 일깨우는 가르침이지 육체의 본래적 모습이 추한 것은 아니라는 것입니다.

경전에도 육체는 마음의 의족과 같은 것이라 하였습니다. 의족 자체는 삶도 아니요, 움직이는 생명도 아닙니다. 그러나 혼자 비틀거릴 때 도움이 되듯이, 육체는 마음을 지탱하는 의족이라는 것입니다.

그래서 붓다께서는 매일 아침 잡아매지 않으면 안된다고 계율을 설하시고, 마음과 육체는 분리될 수 없는 하나이니 붓다의 참 생명에 이르는 문이요, 그대로 생명의 거룩한 존재라고 하셨습니다.

우리의 몸과 마음은 본래 붓다의 모습으로 살고 있는 것입니다. 붓다라는 본성에서 왔고, 붓다라는 본질로 되돌아가는 것입니다. 이 영원한 붓다를 자각하는 것이 우리의 기도와 수행입니다. 삶의 울타리에 기웃거리는 불안이나 두려움, 죽음으로부터 해방되는 해탈로서, 세상의 주인공으로 여래라는 스스로의 축복자가 되어야 하겠습니다.

구래부동舊來不動 명위불名爲佛
본래로부터 여여하게 있나니 그 이름이 붓다이니라

# 참
# 자유라는 것

생·로·병·사의 두려움이나 희·로·애·락의 그림자 없이 티끌 없는 한방울 이슬의 영롱함일 때 너는 평화를 갖는다고….
실패에 관계하지 않는 시작과 끝이 없는 시냇물 같은 맑은 순연의 흐름일 때 너의 자유는 찾아온다고….

자유는 일을 통하여, 업적을 통하여 얻어지고, 얻으려고 투쟁하여 얻어지는 것도 아닙니다.
우리가 자유을 탐하고, 누리려고 원하면 원할수록 자유는 우리를 파괴하고, 삶을 붕괴시킬지도 모릅니다.
고통의 상처를 안고 살아야만 하는 우리에게 삶의 구속들은 끊임없이 다가와 우리를 통과하기 때문입니다.
그럴 때마다 사람들은 행복이나 목적도달을 위해 이론을 챙겼고, 사원이나 교회를 찾아 움켜잡고 매달려 왔습니다.

그러나, 자신이 소유한 값비싼 자기 거울들을 잃어가고 있는 것은 아닌가? 자기의 거울을 잃고도 웃고 있는 것이 오늘의 우리들이 아닌가 묻습니다.

누군가가 말했지요. "자유는 너무 순결하여 상처받기 쉬운 마음의 밭이다."

경전에서는 이렇게 말하고 있습니다.

"자유는 그것이 무엇일지라도 타인으로부터도 자신으로부터도 걸리지 않고 침해 받지 않나니…. 그것이 참 자유이다."

이 사람을 불교에서 참 자유인 해탈자라 부릅니다.

# 윤회,
# 돌고 도는 생명체

윤회란 현상계의 중생생명들이 과거, 현재, 미래인 삼세三世의 연기인연의 세계에서 생멸生滅하며 운행하여가는 삶의 모습을 말합니다.

기독교에서는 예수님이 죽은 지 사흘만에 살아나 승천했다 하여 부활절이라고 합니다. 불교의 입장에서 보면 부활이란 어느 특정인의 전유물이 아니라, 모든 생명들 속에 평등하게 이루어지고 있는 실상의 모습인 것입니다.

"모든 생명체들의 삶은 단 한 번의 생生으로 끝나는 것이 아니라, 업業에 따라 쉬임 없는 생멸의 변화를 한다"고 가르칩니다.

마치 누에가 번데기로 변하고, 나방이 되어 다시 누에가 되는 것처럼 우리의 삶의 모습도 업의 변화를 계속한다는 것이니, 이것을 윤회라 말하는 것입니다.

〈헤아릴 수 없는 경〉, 〈사자후경〉, 〈상카라경〉에 나타난 부처님과 사리불의 대화를 살펴봅시다.

사리불아, 너희들 비구는 업에 결과를 생각할 수 없다.
업과 업의 과보를 여래의 지혜만이 명확하게 볼 수 있느니라.
여래의 힘을 가지고 붓다는 사자후를 하니 그것은 오온色受想行識의 일어남과 사라짐이다.

오온의 괴로움에 관한 성스런 진리다.
오온의 괴로움의 원인에 관한 성스런 진리다.
오온의 괴로움이 사라지는 성스런 진리요.
오온의 괴로움의 소멸에 관한 성스런 진리다.

오온이 일어남과 사라짐을 붓다는 연기緣起로 말한다.
지혜 있는 나의 제자는 현명하게 연기에 귀기울인다.

이것이 일어남으로 저것이 일어난다.
이것이 소멸함으로 저것도 소멸한다.

무명無明은 상카라의 원인이다.
생로병사가 일어나고 소멸한다.
상카라에는 의도라는 것이 있다.

비구들이여 의도가 업業이라고 나는 말한다.
중생은 의도를 가지고 몸과 말과 마음으로 업을 짓는다.

사리불아, 여래는 사실을 사실대로 알고 있다.
가능한 것은 가능하다고 알며, 불가능한 것은 불가능하다고 알고 있다.

비구들이여, 몸으로 해로움을 지었다. 말로 마음으로….
그들의 상카라들은 낮은 세계에 태어난다.
낮은 세계에 태어날 때 괴로움이 있는 세계를 감각에서 느낀다.
어둡고 고통이라고 지옥에 있는 것처럼….

비구들이여, 몸으로 해가 없는 행위를 한다.
말로 마음으로….
이러한 상카라들은 괴로움 없는 세계를 감각에서 느낀다.
빛나는 행복이라고, 천상에 있는 것처럼….

〈거품덩어리 비유경〉phena pind upama suttam과 〈업의 분석경〉에
는 이렇게 가르치고 있습니다.

손가락 한 번 튕기는 사이에 수억의 마음들이 일어나고 소멸한다.
아난다여, 몸이 있는 중생은 자기 안에서 행복과 고통이 일어난다.
몸의 의도에 뿌리한다. 말과 마음의 의도에 뿌리한다.

이것을 원인으로 무명과 함께 한다.

아난다여, 붓다는 하얀 업과 검은 업을 지으면 희고 검은 과보를 받는다는 것을 지혜로서 여실하게 본다.

의도 속에 탐욕과 성냄, 어리석음이 있음을 본다.

탐욕과 성냄, 어리석음이 소멸되면 업의 인과도 소멸된다.

아라한의 지혜를 얻은 비구는 업의 형성을 일으키지 아니한다.

다만, 아라한의 의도는 작용만 할 뿐이다.

어느 종교든지 사후세계를 말합니다.

기독교의 사후세계는 인간행위에 의해 결정되는 것이 아니라, 신의 절대위력에 의해 결정된다고 말합니다. 인간의 선악적 행위는 보조적일 뿐 천당과 지옥의 열쇠는 오직 신의 선택에 있다고 믿습니다. 때문에 사후의 향방에 어떤 주체적 역할을 할 수 없는 것입니다.

불교에 있어서 생명은 부처님이나 신의 뜻으로 결정되는 것이 아닙니다.

"생명은 누구로부터도 간섭되지 않는 오직 자신의 행위로 결정되어지는 생명이다" 라고 붓다는 말씀하십니다.

이 말씀의 뜻은 생명이란 스스로의 업, 행위에 따라 스스로의 사후 생명이 결정된다는 말입니다. 그렇다고 자기가 선택하여 자기 생명을 결정한다는 것이 아니라 스스로 지은 업력業力에 끌려 다음의 생을 받는 것으로, 거기에는 어떤 신이나 다른 존재가 주관하는 것이 아니라는 말입니다.

"사람을 비롯한 모든 생명들이 생은 시시각각 윤회 속에 있으며 단지 빠르고 늦음의 차이가 있을 뿐이다." 라고 경전에서는 말합니다. 늦음의 변화를 생멸이라 말하고, 빠름의 변화를 윤회라고 말합니다.

중생은 삼업身,口,意이 짓는 힘, 업력으로 끝없는 생명의 흐름이 형성되어 연기하면서 천국, 인간, 아귀, 축생, 아수라, 지옥 등의 길로 나타난다고 하니 이것을 육도윤회 한다고 말합니다.

윤회는 결코 신앙의 믿음이나 이론이 아니며, 죽음에 대한 심리적 위안이나 위로가 아니라, 윤회는 현재의 생명세계에서 볼 수 있는 전생과 현생, 현생과 내생을 연결하는 초정밀한 과학적 현상인 것입니다.

우리들 인간이 윤회 속에서 현재의 생을 부여 받은 것은 우리 인생이 한 번의 시간에 머물지 않는다는 것입니다.

나고 죽고 태어나면서 끊이지 않는 생이 계속되고 있는 한 인간의 희망은 무한합니다. 업겁 생명을 항상 새롭게 살아가는 것입니다.

# 살아 있는
# 생명은 아름답다

"살아 있는 생명이 가장 아름답고 존귀하며 거룩한 존재다."라고
붓다는 가르칩니다.
생명 모두가 세계의 주인이요, 중심의 존재라는 것이요, 생명은
무엇에 의해 소유되는 소유물이 아닌 각기 존엄을 가진 거룩한
존재라는 말입니다.

생명 존엄의 신봉자인 슈바이처도 "인간의식의 가장 절실한 것
은 살려고 하는 생명이다."라고 하며 타인의 삶을 빼앗지 말라고
하였지요.

오늘날 우리 인간은 생명에 대한 예측할 수 없는 불안에 놓여
있다 해도 과언이 아니지요. 힘을 이용한 강한 것들은 약한 것을
죽이고, 죽여가는 일을 서슴지 않고 자행하고 있기 때문입니다.

지구의 온난화도, 환경파괴도 위험상황으로 지금 인간 1년의 탐욕이 100년의 건강한 지구환경생명을 파괴하고 있다고 하는 말은 지구의 살상 행위에 다름 아니라고 생각합니다.

어떤 생명들도 그냥 죽임을 당하지만은 않습니다. 인간이 그들을 죽이면 그들도 인간을 죽이는 것입니다. 때문에 하잘것없는 미물일지라도 내 몸처럼 아끼고 사랑하라는 것입니다.

> 모든 생명은 죽음을 두려워한다.
> 모든 생명은 폭력을 두려워한다.
> 이런 도리를 자기의 생명에 견주어서
> 다른 생명을 죽이거나, 죽게 하지 말라
>
> ― 〈법구경〉

인간과 더불어 생명의 위대한 소이가 무엇일까요? 그것은 서로 줄 수 있고, 받을 수 있는 것이며, 삶 속의 무한소통일 것입니다. 만남과 헤어짐의 소통, 기쁨과 슬픔의 소통, 생과 사의 소통에서 아름다운 생명들은 유희하고 있습니다. 인간이 살아 움직이는 아름다움의 소이가 여기에 있는 것입니다.

그럼에도 불구하고 우리 인간의 교만은 힘을 이용하여 구속의 틀을 만들어 그물을 치고 생명들을 약탈하고, 자유를 빼앗고 있는 것입니다.

그것은 생명에 대한 도道를 모르는 무지의 행동일 뿐입니다.

생명의 참 모습을 보는 사람, 진인眞人은 하나하나의 생명의 존엄을 지킵니다.

생명들의 사는 이유를 저편하늘에서 구하지 않고, 차안此岸에서 지금의 모습을 사랑하며 헌신하는 것입니다.

스스로의 생명을 스스로 구하는 구원자로 사는 것입니다.

현재에서 미래로 그리고 과거로 세밀한 모습으로 움직이고 변화하는 영원의 생명을 보고 무한의 움직임 속에서 생명의 잉태가 얼마나 장엄한가를 보신 분이 붓다입니다.

때문에 붓다께서는 가장 멀리 있고, 보잘것없는 미물 하나의 생명에게도 살아 있는 자비의 손길을 내밀고 있습니다.


무엇을 요구하지도 빼앗지도 않으며 생명의 참 주인으로 살라.
우리 모두 살아 있음에 행복의 노래 부른다면 참 좋겠습니다.

# 섭섭병을 앓고 있는
# 부모들

요즈음 부모들은 자식에 대한 병을 남모르게 앓고 있다고 합니다.

자식을 사랑하는 부모에게 왜 이런 마음이 생길까?

아이가 태어날 때부터 부모의 무슨 바람이 있었던가?

물론, 자식에 대한 부모의 희망이라 믿습니다.

그러나 우리의 부모들은 아이의 뜻과 무관하게 바람이 너무 많은 것 같습니다.

자식을 위한다는 미명으로 학원의 보충수업, 피아노, 태권도, 컴퓨터, 음악, 미술 등등 놀면서 상상력을 키우고, 즐겁고 좋아하는 것을 누려야 할 성장의 시기에 아이들은 부모의 욕심에 숨 쉴 틈조차 없이 노예가 끌리듯 끌려가는 것 같습니다.

가히 폭력이 아닐 수 없습니다. 인격도야의 가름침은 없고 공부라는 기계에 억눌려 돌아가는 지식의 축적뿐입니다.

1등이라는 기술의 습득, 상대를 이기는 수단에 모든 것을 바치고 있습니다. 그런 가운데서 아이들은 자기도 모르게 아름다운 성장보다는 마음은 쭈그려지고 메마르고 거칠어져 갑니다.

서로의 마음속에는 상처가 되어 원망이나 미움이 채워져 상처를 남기고 있습니다. 어떻게 치유할지 몰라 한숨을 토하며 서로를 받아들이지 않는 상태로 갈등과 대립하며 아파하는 것입니다.

〈육방예경〉에 "지혜로운 부모는 자식을 통한 어떤 요구도 바라지도 말라."고 합니다. 부모와 자식은 서로의 영혼을 자유롭게 하는 날개가 되어야 한다고 생각합니다.

기도해 보십시오. 생일날 하루만이라도 함께 손 모아 보세요.

> 저희 부부의 큰 생명인연으로 내 아이 있음에 감사하나이다.
> 말과 행동이 아름답고 사랑이 아름다운 나의 아이들이 되게 하소서.
> 생명의 선함을 더 작은 것에도 열정하는 정진의 지혜가 숨 쉬는 우리 아이 되게 하소서.
> 단단한 믿음의 젖줄 되어 우리가 있게 하소서.

이렇게 하면 모래밭에 핀 사막의 선인장 꽃같이 부모와 자식은 믿음의 꽃을 피울 것입니다.

만약에 당신의 아이가 당신을 섭섭하게 한다면 먼저 당신을 돌아보세요. 내가 자식에 대한 과도한 욕심이 아닌가를….

당신이, 아이들이 누구인가 보일 것입니다.

지식만의 축적, 기술만의 습득은 오히려 자만과 교만을 키울 뿐 사람의 바른 품성을 파괴시킨다고 말하지 않습니까?

"사람이 본래 가진 선함의 성품을 일깨우면 그는 도둑 소굴에서도 결코 도둑이 되지 않는다."고 원효는 가르칩니다.

넘치는 기대와 댓가를 바라면 괴로움이 생기기 마련이요, 주었다는 생각조차 버리는 것이 참 보시라고 합니다. 자식도 그렇게 보시로서 배우게 해야 합니다.

자식에 대한 지나친 욕심과 기대를 조금씩만 비워 보세요.

부모님의 섭섭병은 자연 치유되리라 믿습니다.

# 무상無常의 참뜻

제행무상諸行無常, "모든 움직이는 존재는 그대로 영원하고 항상함이 없다."

부처님께서 선언하신 고귀한 이 말씀을 우리는 얼마나 깊이 알고 있는가?
우리들 눈에 보이는 모양의 물질적 현상에서는 이해가 되지만 우주 공간에 펼쳐진 존재에서 생각해보면 상전벽해桑田碧海가 아닐 수가 없다.
우리가 늘 말하고 쓰고 있는 우주 공간에서 무상은 무엇이고, 시간은 무엇인가?

어떤 점성가가 스승을 찾아 질문했다.
"시간이란 무엇입니까?"

스승이 대답했다.

"너는 그것을 잴 수도 헤아릴 수도 없는데 그것을 재려고 하는 구나."

스승은 시간을 재려는 제자의 노력이 헛수고라고 말하는 것이다. 그렇다. 잴 수 없는 시간을 재려는 삶이 우리 범부의 모습이다. 이 모습은 우리의 무지를 나타낼 뿐이다.

우리들의 삶에는 헤아릴 수 없고 잴 수 없는 많은 차원들이 있다. 영어의 '재다measure'라는 뜻이 산스크리트어 물질matra을 어원으로 하고 있는 것은 물질은 잴 수 있어도 물질이 아닌 것은 잴 수 없다는 뜻이 아닌가?

영혼·사랑 같은 것은 사실상 잴 수 있는 방법이 없다. 그것을 경험할 수는 있어도 어떤 컴퓨터라도 그 경험을 잴 수는 없는 것이다.

당신은 당신의 여인을 얼마나 사랑하는가? "하늘만큼 사랑해." 하여도 사랑은 작아 보일 수 있다. 하늘에서 잣대는 아무런 쓸모가 없기 때문이다. 그럼에도 범부들은 하늘만큼의 사랑의 잣대를 요구하고 있는 것이다.

그대의 눈이 그대의 손이 사랑을 느끼게 하고 그대의 노래가 그대의 춤이 사랑이 되게 하라.

사랑한다는 단 한마디 말은 없어도 그대를 에워싸고 도는 사랑은 그대의 가슴속에서 꽃을 피우고, 그대가 춤추지 않아도 사랑은 춤을 추지 않는가?

사랑이 꽃피는 순간 그대의 모든 것은 황홀하며 아름답고 그대의 눈동자는 불꽃이 일고 어둠이 사라지며 빛의 생명이 그대를 휘감고 있지 않는가?

그대가 누군가의 손을 만지면 그 손은 물질적 손이 아니라 생명의 에너지가 흐르는 붓다의 손이 되는 것이다.

붓다의 대자비 뜨거운 에너지가 흘러들어 오고 흘러나간다.

그때에 우리는 만물과 소통되는 지혜가 열리고 가장 아름다운 순수의 붓다 세계를 볼 수 있는 것이다.

그러나, 중생은 무수 겁 전부터 행동 하나하나에 물질적 계산의 훈련을 쌓으며 자기 계산의 삶을 잣대질하며 어리석은 인생을 살아가고 있는 것이 아닌가?

우리는 시간, 공간을 흐르는 강물처럼 생각하며 살고 있다.

그러나 그것은 진실과는 너무 다르다.

시간과 공간은 어디로 가거나 오는 것이 아니요, 항상 여여하다.

사랑도 변하거나 오가는 것이 아니다.

다만, 나라고 하는 내가 오고갈 뿐이다.

시간과 공간의 세계는 항상 그대로, 여여한 춤을 추며 영원불멸인 것이다.

"모양이 있는 것은 영원성이 없어 끊임없이 변하고 있다."는 제
행무상의 붓다 말씀의 참뜻이 여기에 있다고 생각한다.

# 참 좋은
# 명예와 재물

붓다가 사밧티 기원정사에 계실 때의 어느 날, 얼굴이 단정한 고을의 장자가 붓다를 찾아와 공손히 절하고 여쭈었다.

"붓다시여, 사람이 어떻게 해야 훌륭한 명예를 얻을 수가 있으며 좋은 벗을 가질 수가 있겠습니까?"

붓다께서 이렇게 말씀하셨다.

"명예를 얻고자 하면 계율을 지키고, 재물을 얻으려면 베풀어 주는 행위를 하며, 좋은 벗을 가지려면 삶에 진실이 있어야 하리라. 그러하면 원하는 모든 것을 얻을 수가 있으리라."

훌륭한 명예는 윤리적·도덕적 청정생명을 소중하게 여기며 살 때 얻어지고, 재산을 얻고 싶으며 남의 물건을 빼앗지 말고 자신이 가진 재물을 나눌 때 얻어지고, 좋은 벗은 거짓으로 속이지 않으며 언행에 진실이 있어야 얻는다는 말이다.

요즈음 우리 사회를 보면 돈이면 안되는 것이 없고 권력만 있으면 못할 일이 없는 듯이 보인다.

재물과 권력에 부나방 같은 불빛을 좇는 사람이 너무 많아 안타까운 마음이다.

돈이 많다고 하여 명예가 얻어지는 것도 아니요, 높은 자리에 있다하여 덕망이 생기는 것도 아니다.

명예와 참된 덕망의 권력은 그에 맞는 도덕적 의무가 있어야 하고 자신의 위치에서 책임을 자각하고 사회적 윤리를 지킬 때 재물과 권력은 빛이 나는 것이다.

재물이나 권력에만 탐착하는 오늘의 사람들의 모습에서 부처님의 말씀이 고고하게 들리는 것은 나만의 일이 아니리라.

# 한 찰나도 깨어 있으라

한순간을 소홀히 하는 마음이 한순간의 큰 재앙을 부른다.
우리들의 삶은 순간으로 엮어 놓은 그물망과 같아서 한순간만
소홀하여도 많은 재앙을 불러오는 것이다.

한순간을 깨어 있는 마음과 정견으로 살펴라
바르게 살아가는 사람에게는 일상의 액란이 멀어진다.
찰나의 순간을 소홀히 하는 사람
참으로 무서운 결과가 초래될 수 있음을 알아라.

이 세상에 이름을 남긴 위대한 사람들은
한 찰나의 시간도 소홀함이 없이
몸과 마음을 불사르는 깨어 있는 삶을 살았다.

인생은 찰나, 찰나의 시간들이 모여 있는 계속성의 관계다.
1초가 빨라 충돌을 피하고, 1초가 늦어 충돌하는 것이 인생이다.
자신을 가호하려는 간절한 기도의 마음이 되라.
구세의 관세음보살을 부르는 당신이 되어보라.
한순간의 아픔과 고통이 치유되는 것을 자각하리라.

한 찰나의 생명을 최후의 순간처럼
불꽃 같은 열정으로 살아가는 사람
그를 우리는 깨어 있는 사람이라고 부르니
한 찰나도 깨어 있으라.

# 새로운 자각이
있으라

오늘이라는 역사의 현장에 서 있는 불교인의 사명은 무엇으로
있는가?
21세기 불교가 올바른 중생교화를 위하여 어떤 보탑을 쌓아갈
것인가?
우리는 오늘을 위하여 지난 역사적 사실을 깊이 통찰해야 할 것
이다.

르네상스는 왕권·교권의 횡포가 극에 달한 중세의 암흑으로부
터 오랫동안 잠들었던 인간 이성에 눈을 뜬 자유로운 인간해방
을 절규하며 황폐된 사상의 옷을 벗어 던진 사상 운동이다. 갈
릴레이 지동설은 교권이 가졌던 횡포적 우상을 여지없이 허물
었다.
아울러 천문, 지리, 물리학 등등 산업문명의 신기원을 이룩하며,

신권神權으로부터 인권人權시대를 만들며, 새로운 문명의 일대 혁명을 가져왔다.

오늘날에는 자연과학의 이법理法과 기기묘묘한 기계문명이 인류의식을 지배하며 과학 만능을 꿈꾸고 한편으로는 황금지상주의가 세계에 군림하고 있다.

또 하나의 세기적 유산인 핵에너지는 지구의 파괴와 인류의 멸망을 노리고 있다. 기계문명을 만든 인류는 기계화되며 기계 앞에 무릎 끓고 운명을 기다릴 수밖에 없는 기계문명 문화라는 것을 부인하지 않는다.

결과론이지만 르네상스는 신을 추방하여 인간을 찾았고 현대는 기묘한 기계문화를 창달하여 인간을 잃어버리고 있는 것이다.

과학과 기계문화가 더욱 진보한다 하여도 끝이 없는 인간의 욕망을 충족시킬 수는 없을 것이다. 아울러, 인간의 지나친 욕망은 세계의 평화, 행복을 보장할 수 없으며 인간의 성性과 진실, 지구는 더욱더 파괴될 것이 자명하다 할 것이다.

때문에 동양의 선각자 노자老子는 인위적 문화의 조작을 거부하고 태고太古의 자연 세계로 돌아가라고 하였으며, 공자는 진정한 순수의 도道를 말하고 있다.

붓다의 근본사상은 살아 있는 생명의 사랑과, 천하의 주인으로 해탈의 생명을 살아가라는 자각自覺의 가르침이다.

21세기 불교, 불교인의 과업은 붓다의 정신을 사람들에게 다시 심는 것이다.

세계를 자각하여 자연과 하나 된 생명의 존재성을 일깨우고, 기계적 문명의 고통으로부터 발생되는 구속들을 해탈케하는 데 가일층 노력이 있어야 할 것이다.

인간의 평화, 깨끗하고 건강한 지구의 생명을 위하여 자연의 생명과 공존하는 자각을 심어야 한다. 우주선이 달과 별들을 정복하며 우주시대를 전개하지만, 화약을 쥐고 불구덩이로 뛰어드는 인류를 구원할 우주선은 어느 곳에도 없기 때문이다.

# 오늘,
# 사랑을 위하여

우리네 삶의 흐름이란 시간을 나누고 쪼개고 어제·오늘·내일
이라는 관념의 틀 속에 갇혀 살고 있는 것 같다.

어제라는 실체는 사실 없는데도 우리는 어제라는 관념을 갖는다.

어제란 다만 오늘에 대한 기억일 뿐 남아 있는 것은 그 어디에
도 없다.

어제는 있다고 기억하는 그대의 마음에 어제가 있을 뿐인 것이다.

내일이란 것도 똑같다.

내일은 그대를 만나기 위하여 어디에서 오는 것이 아니다.

그대의 마음, 생각 속에 내일이 온다고 하는 관념이 있을 뿐이다.

생명이 있는 실체의 그대가 존재하는 것은 오직 오늘 지금뿐이다.

오늘, 지금이 우리 영혼의 불멸성이요, 생명의 영원성인 것이다.

"너희 속에 생명의 씨앗이 뿌려지던 그 최초의 순간이 불생불멸

의 영원을 사는 생명이다."라고 경전은 가르친다. 사실 우리는 생명이라는 별이 뿌려지던 순간 다른 것이 아닌 영원을 살고 있는 것이다.

"생명이 찰나의 호흡지간이요, 겨자씨 속에서 우주가 자유로이 움직인다."는 말씀은 찰나의 영원을 잘 표현하고 있다.

인간이 가장 애원하는 사랑을 새김질해보자. 사랑의 본질을 알고 있는가?

우리는 누구나 자기 안의 사랑을 향한 힘을 느끼며, 내 가슴속에 사랑이 있다고 말한다. 그리고, 우리는 우리의 연인과 사랑을 하면서 마음속의 사랑의 무게가 얼마일까를 계산하며 살아간다.

나는 사람들이 사랑의 아름다운 환희를 갈망하면서도 때로는 울고 슬퍼하고 고통스러워하는 까닭이 사랑의 무게를 저울질하는 데서 시작된 것이라 생각한다.

아침 이슬처럼 영롱한 사랑을 저울이라는 계산이 보잘것없는 사랑으로 변모시켜 버린다고 생각한다.

그러면 사랑은 어디에 있고 무엇을 하는가?

사랑은 흐름도 아니며 움직임도 아니다.

다만 그대의 생각, 감정, 연민 등이 움직이고 옮겨지는 것이지, 사랑은 언제나 여여히 빛을 발하며 있을 뿐이다.

사랑이 내 가슴속에 있는 것이 아니라 내가 사랑 속에 있음을 알아차릴 때, 그때의 나의 사랑은 무게나 한계를 떠나 모든 인연 생명을 사랑하니, 붓다의 대자대비의 참뜻이 이에 있음을 알아야 하지 않겠는가?

사랑이 그대를 에워싸고 있는 시간과 공간, 지금과 여기에 그대가 무한의 사랑 속에 살고 있음을 알아차릴 때 그대는 두려움과 불안 없이 참된 평화를 누리는 생명을 살아갈 것이다. 들국화의 청초한 사랑의 꽃을 피울 수 있을 것이다.

우리들이 사랑을 양量의 개념으로 집착하며, 소유할 수 없는 것을 나의 것으로 소유하려는 생각 때문에, 눈물의 불행과 두려움이 만들어지고 있다는 사실이다.
이제 우리는 사랑이라는 본질에 바른 눈으로 바라보는 반야지혜의 눈을 떠야 한다.
사랑은 질량도 무게도 흐름도 변화도 아니다. 누구에게 특별하게 주어진 물건도 아니다.
사랑은 모자람도 없고 마르지도 않는 여여한 불멸성의 빛으로 있을 뿐이다.

아발로키테스바라(관세음보살)는 중생을 향한 영원한 모정(母情)의 젖줄이며, 모든 중생을 건져내지 않고는 쉴 수 없는 사랑의 길이요, 다함없는 연민의 마음이요, 붓다의 본성 자리이다.

오늘, 그대의 삶을 위하여, 향기로운 환희의 인생을 위하여 지금
까지 사랑을 희롱한 어둠의 것들을 참회하며 삶의 참 빛으로 사
랑을 노래하라.

그대의 행복한 사랑을 위하여….

# 이렇게 말하고 들어라

귀 있는 자 귀를 기울여 참소리로 말하라.
그대 영혼이 진솔하게 움직이지 않으면 침묵하라.
참 소리가 움직일 때 말하라.
거짓 없는 순수의 입술을 움직이게 하고 혀를 조정하여 내밀어라.

붓다의 이 말씀은 오늘의 우리에게 많은 교훈을 주고 있다.
혼란스러울 만큼 수많은 말의 잔해들이
우리의 삶을 좌우하며 불행과 행복을 만들고 있음을 볼 때,
붓다께서 구업의 중요성을 왜 그렇게 강조하셨는지 알 것 같다.

소리는 밖의 소리가 있고 안의 소리가 있다.
보통의 범부는 가장 깊고 가치 있는 안쪽에서 들리는
자기 소리는 듣지 못하고,
밖의 소리만을 들으려고 하는 습성을 가지고 있다.

또한, 모든 존재의 생명은 안과 밖의 감각기관을 가지고 있다.
하나는 안으로 들어간 뿌리와 같은 감각기관이고,
다른 하나는 줄기, 잎 등과 같이 밖으로 나아가는 감각기관이다.
안과 밖의 서로의 감각기관이 합일을 이루는 소리일 때

소리는 살아 있어 감동을 주며
사람들을 움직이는 힘이 있다.

말에 진실의 뿌리가 없다면 죽은 말이다.
혼란의 소리는 남에게 해악을 끼칠 뿐이다.
참 말이 아니면 침묵하여라.
살아 있는 튼튼한 뿌리가 왕성한 힘의 줄기와 잎을 피우듯,
튼튼한 뿌리가 되어 말하여라.
그것이 그대의 마음으로부터 밖으로 나오게 하라.
그때의 소리는 사람을 움직이고 세상을 감당하리라.
듣는 일에 대해서도 마찬가지여야 하나니,
힘을 다하여 귀를 기울여 들어라.
말이 그대 마음의 뿌리까지 이르게 하라.
행복의 꽃이 피어나리라.

# 천당과 지옥이 한 마음에서

어느 선사와 성미 급한 장군의 대화이다.
평복을 입은 장군이 어느 날 선사를 찾아 물었다.
"스님, 천당과 지옥은 정말 있는 것이오?"
"그대는 지금 뭐 하는 분이오?"
"장군이외다."
스님이 껄껄 웃으며,
"어느 멍텅구리가 그대 같은 사람을 장군을 시켰는지….
내가 보기엔 꼭 백정 같은데 말이오."
이 말에 성미 급한 장군은 칼을 빼들고 소리쳤다.
"뭐라고! 죽여 버리겠다."
그러자 선사는 담담하게 말했다.
"지옥문이 지금 열리고 있소."
장군이 스님의 뜻을 알고 무릎을 꿇었다.
"스님, 죄송합니다. 저의 무례를 용서하소서."
"천당문이 지금 열리고 있소."

그렇다. 천당과 지옥은 사후死後 미래의 일이 아니라
바로 지금의 일이다.
선악이 한 생각에서 나오고
천당과 지옥이 순간의 한마음에서 열리는 것이다.

# 세간과 출세간

세간이란 곳
관념의 세계가 내 안에 있는 것이요

출세간이란
관념의 세계가 나 밖에 있는 것이다

그러나, 나의 내·외內外는 관념이 만들 뿐이요
따로 존재하는 실체가 있는 것은 아니다

깨달음의 수행자가 세간과 출세간을 찾는다면
그것은 토끼 머리에서 뿔을 찾는 것과 같다

# 바른 사유의 등불, 지혜

깨달음으로 나아가는 붓다의 가르침은 한마디로
반야지혜로 요약된다.
지혜는 불교적 생활인의 행복의 기둥이요,
진리를 찾는 사람의 참다운 문이요, 빛이다.
보살이 되고 붓다가 되는 길에
가장 소중한 등불처럼
깨달음의 바른 견해와 바른 사유의 등불이 지혜이다.
지혜는 바르게 알기 위한 노력이며,
바르게 보는 노력이며,
알고 난 후의 바른 자신을 나타내는 것이다.

지혜는 무아無我, 무상無常, 인간의 고통,
괴로움을 아는 곳에 도달하는 것이다.
아울러 마음의 망념에서 벗어나는 길을 활보하는 것이다.
사람이 갖고 있는 잘못된 생각과 욕망들,
그릇된 집착 편견들은 깨달음의 장애요소이다.
사물에 대한 진실을 확연하게 깨달아
피안에 이르게 하는 것이 반야바라밀이다.

미망을 근본적으로 끊어내는 비수 같은 칼날이 반야의 세계다.

바른 것이 아니면 결코 이해나 용서가 있을 수 없는 것이다.

사물에 대한 남의 설명을 통하여 지식으로 아는 것이 아니라,

스스로 실상을 온전하게 경험하는 밝은 예지가 반야이다.

현장에서 바르게 체득되는 지혜는 우리를 항상 깨어 있게 한다.

반야지혜가 흐름에서 멈추지 않는 사람,

자기를 다스리는 사람,

욕망을 넘어서서 깨달음에 들어가는 사람이다.

# 도를 행하는 수행자

도道을 행하는 수행자여,
길조의 점술, 이변의 예언, 해몽관상 보는 일을 버리라
길흉을 보는 자는 세상을 어지럽히고
길흉을 버린 자는 세상을 바르게 편력하리라

좋은 것, 나쁜 것에 집착하지 말라
세상의 온갖 색色에서 벗어난다면
그는 세상을 바르게 편력하는 수행자이니라

말과 생각과 행의 바른 견해를 가지고
법을 깨달아
자유와 평화를 품어 안으면
그는 세상을 훨훨 자유로이 편력하는 수행자이니라

— 〈숫타니파아타〉

# 주인이 되어라

무엇인가를 따라가며 추종만 하는 사람
그는 결코 자유를 얻지 못하리라

눈을 떠도 보지 못하리라
귀가 있어도 듣지 못하리라

깨달은 사람이란
주인 되어 움직이고 있는 것을 아는 사람이니라

자신이 세상을 부리는 주인이 되어라
자유는 문을 열고 당신을 영접하리라

# 소유와 무소유

그대가 소유한 모든 것들이
소유하려는 모든 것이
사슬로 묶임을 아는가?
소유의 마음을 일으키는 순간에
그대는 지옥을 향하네

참으로 아무것도 소유하지 말게나
금가루가 값비싼 것이나
눈 속에 티끌만큼만 들어가도
송곳가시가 되어 병을 일으킨다네

그대여 그 무엇에도 걸리지 말고
무소유의 걸림 없는 자유를 누리게나

참으로 무소유의 참 면목은
무엇을 가지고 있다 하여 소유 아니요
가진 것 없다 하여 무소유가 아니네

진실한 소유와 무소유의 마음이란

가진 것 있고 없음을 떠나서
필요한 것만 갖는 마음의 지족함이라네

# 소리와 말

소리가 없다 하여 소리 없는 것 아니요
소리가 있다 하여 소리 있는 것 아니네

소리를 위하여 소리가 있다면
소리는 소리의 본질에서 벗어났네

말이 없다 하여 말 없는 것 아니요
말을 한다고 말하는 것이 아닐세

진정한 말의 소통이란
말을 하고 하지 않음에 있는 것 아니네

그대 마음속에 내가 살아보게나
내 마음속에 그대가 살아보게나
그대와 나, 하나로 말하고 있음을 알게나

# 비어 있는 세계에서

생명의 모양을 가진 그 어떤 것들
그것이 무엇이든 무상한 존재다

조건이나 관계에 의하여 생겨나고
조건이나 관계에 의하여 소멸한다

여기에 어떤 영원성의 실체란 없다
그것을 비어 있음의 세계요
비어 있음의 생명 세계라고 부른다

만상만유의 생명들 하나하나가
비어 있는 세계에서 율동하고 있는 것이다

이것을 붓다는 무아無我요
용수는 공空의 세계라 불렀다

# 내 안의 반야심경

진여의 세계는 진공묘유일 뿐
지어진 아무런 법이 없노라
배워야 할 도道도 없고
구할 수 있는 것도
벗어나려는 번뇌도 없고
원하여 태어날 세계도
돌고 돌아가는 윤회의 세계도 없노라
적멸이며 하나로 평등하여
여여할 뿐 오고감이 따로 없노라

내 안의 반야심경心經에는
주어야 할 것도, 받아야 할 것도 없다
깨달아 얻어야 할 수행도
털어버려야 할 노여움도
닦아내야 할 더러움의 때도 없다
단절하고 버려야 할 것이 없다
다만 말을 빌린다면…
미혹을 벗어나 정각의 지혜를 구한다는 것이다
신심을 허공같이 하면

일체의 형체가 흔적 없고
마음속의 부처가 여여함을 안다는 것이다
본성을 밝히어서
앉아서도 만방을 자유하게 편력하고
문 밖을 나서지 않아도
세계의 만상을 여실하게 볼 수 있음을 안다는 것이다


진여에 눈멀고 마음의 부처를 망각하여
육도를 윤회하며
불나비가 불에 뛰어들고
새가 스스로 조롱 속에 날아들 듯하는
미혹하여 어두운 나로 하여금
깨달음의 언덕에 올라
본래의 부처님 품 안에 안기기 위하여
나는 내 안의 반야심경을 노래하노라

# 붓다의 유훈

나의 제자들아 잘 들어라
세계의 현상이 무상의 세계이니라

오온의 쌓임은 덧없고 덧없나니
오직 진리의 법法만이 영원하리라

법을 섬으로 삼고 의지처로 하여라
법 아님을 의지처로 삼지 말아라

자신을 섬으로 삼고 의지처로 하여라
다른 사람을 의지처로 삼지 말아라

오직 게으르지 말고 정진하여라
위없는 평화, 행복이 너에게 있으리라

# 인연의 관계

강물의 시작은 강물의 끝이요
강물의 끝은 강물의 시작이다

죽음은 삶의 시작이요
삶은 죽음의 시작이다

세계도 생명도 이렇게 가고 오면서
보이기도 하고, 안 보이기도 할 뿐이다

서로서로 관계할 뿐이다
관계의 세계가 생성 소멸할 뿐이다
우리들 만남도 이것의 하나이다

이것을 붓다는
연기의 세계요 인연이라 말씀하셨다

# 깨어 있음이여

눈을 떴다 하여 깨어 있는 것 아니요

눈을 감았다고 하여 잠자는 것도 아닐세

진리의 깨어 있음이란

눈을 뜨고 감는 데 있지 아니하다네

# 고통의 그릇 있기에

보통의 사람들은 고통을 싫어한다
고통의 눈물을 닦아내려고
오늘도 사람들은 스스로를 잡고 애를 쓴다

고통이 없다고 생각해 보라
즐거움을 알 수 있을까?

고통이 없다고 생각해 보라
사람이 영혼이 맑고 밝게 승화될까?

고통의 늪을 건너는 경험이 없어 보라
인간의 영혼은 결코 승화될 수 없다

우리의 영혼에 맑은 샘물이 고일 수 있음은
진한 고통이 있기 때문이요

고통의 그릇 있음을 아는 것에서
맑은 영혼의 샘물이 있는 것 아닌가?

# 순수의 모습

마음은 얼굴의 그림자이고
얼굴은 마음의 그림자이다

마음속이 선하여 보라
얼굴은 저절로 맑은 빛 감돌고

욕망과 이기의 그릇으로
원망과 미움을 품어 보라
얼굴은 저절로 검은빛 감돈다

어린이의 얼굴이 천사임은
어린이의 마음에 죄가 없기 때문이다
죄를 심지 않았기에
욕망의 포로가 아니기에
천사의 모습으로 보이는 것이다

순수의 모습을 가진 어린이에게
저절로 사랑을 느끼는 것은
욕망에 젖은 어른의 부끄러움 때문이다

# 해탈, 자유는

지식으로 아는 것은 죽음 앞에 있는 것 같아
생명력에 생동감의 힘이 없다

실제적 유행을 통한 체험의 증득만이
살아 있듯 생동감의 힘이 있다

그런 까닭에 해탈의 자유는
지식이 아니요, 머리로서 이해가 아니다

생동하는 생명의 참모습을 체득함이요
사물을 여실하게 관조觀照하는 내 안의 힘이다

# 사랑은

바람의 형체를 볼 수 없듯이
사랑의 실체는 볼 수 없다

꽃의 향기를 볼 수 없는 것과 같이
사랑의 향기는 볼 수 없다
사랑은 만지거나 쳐다보는 것이 아니다

사랑은 향내음 같은
한곳을 향한 여여의 마음이다

사랑은 여여하게
마음으로 하나를 느끼는 것이다

소유와 집착의 그림자로
사랑을 만들지 말고, 만나지 말라

떠돌다가 돌아온 사람을 맞이하듯
반갑게 맞이하는 향연의 반주가
그대를 에워싸는 닐바나 사랑이니라

# 사는 날까지 사랑하라

괴롭다 한숨 서린 한 생명도
오직 그대의 주인이나니
뜨겁게 뜨겁게 사랑하여라

불꽃 같은 열정으로
그대 생명 있는 날까지 살며
사랑을 노래하여라

그런 뒤에 열정으로 불태워라
사랑하는 그대가 재가 되어
하나도 남김없이 떠나게 하여라

그대에 붙어 있는 것들이
남김없이 이별하며
사는 날까지 사랑하여라
그것이 사랑을 아는 참사랑이어라

# 침묵


그냥 고요히 나를 바라보는 것이다

그리하여도 불이 타듯 깨어 있음이다

깨어 있는 속에서

살아 있음의 참생명을 보는 것이다

깨어 있는 속에서

살아 있음의 참그대를 보는 것이다

# 공(空)과 유(有)

공空은 현상의 모든 세계를 담고 있는
존재의 그릇이다.
그 그릇이 신묘한 현상세계를 만든다

공空이 쉼 없이 움직이고 움직이니,


현상現相이 쉼 없이 생기는 것이다

유有의 본성本性은 공空이요
공空의 본성은 유有인 것이다

공空은 현상現相과 분리된 것이 아니라
본래 하나로 이어지는 존재라는 것이다

공空의 에너지가 움직여서 이루는 것이
우주세계의 만상인 것이니
있음은 없음으로 없음은 있음으로의 관계다

# 운명은
# 내가 만든다

나는 운명이라는 운명의 나를 찾아 쉼 없이 찾아 다녔습니다.

히말라야 오지의 산사람들과 인도의 불가촉천민의 삶터 속에서…. 운명이란 무엇인가? 하고 나의 인생을 쉴 새 없이 찾았습니다. 그리고 그들을 보면서 나는 나의 참모습도 만나 보았고 알았습니다.

나의 운명이 나 자신 속에 숨어 있었고, 나 자신이 내 운명을 만들어 내는 것을 체험으로 알았습니다.

자신으로 인해 불행하다는 것도, 나를 구할 유토피아의 사람도 오직 나라는 사실을 붓다의 고행상을 보면서 알았습니다.

가장 작은 것을 보는 밝은 지혜의 눈도 가장 부드러운 것을 보는 강인한 반야의 마음도 나의 마음에 자리잡고 있는 것을 보았습니다.

아침에 눈을 떠 보세요.

나에게 내려준 하루라는 선물함 속에는 신비의 것들이 들어 있음이 보이지 않습니까?

숨 쉬는 건강한 육체가 있고, 살아 있다는 것에서 상상도 못할 많은 것들을 만들어 내는 마음의 움직임에서 나는 티 없는 생명의 환희와 싱그러움을 느낍니다.

이 하루를 싱그럽게 만드는 것이 누가 보낸 선물인가를 깨달았을 때, 감사의 손을 모으지 않을 수가 없었습니다.


사람들은 하루의 선물을 기억하지 않을 뿐 아니라 관심도 없는 것 같습니다. 매일같이 이 선물을 받으면서도 고마움의 그릇을 채우지 못하고 있는 것 같습니다.

똑같은 음식을 매일 먹어 질리듯, 매일 아침 전송받는 환희의 선물에 짜증과 한숨으로 하루를 힘들게 하는 사람들이 많은 것 같습니다.

그러나, 지혜로운 사람은 상상할 수 없는 삶의 희망재료를 만듭니다. 아름다운 정원을 만들어 자기 행복을 누립니다.

어리석은 사람은 스스로 감옥을 만들어 자기를 구속시키면서 괴로워합니다.


하루라는 우리에게 주어진 기회는 영원과 연결되어 있음을 느끼세요. 영원으로부터 오는 하루라는 기회는 스스로의 운명을 창조하는 귀한 시간이요, 내일을 밝히는 등불이요, 닐바나의 문이랍니다.

'자작자수自作自受 수처작주隨處作主' — 운명은 스스로 짓고 스스로 받나니 곳을 따라 주인이 되어라.

운명이란 우연으로 있는 것이 아니요,
오직 스스로 만들어 받는 것임을 깨달으세요.

# 제3장

행복의
하늬바람

나는 행복을 위한 열정으로 살아가려고 합니다

붓다는 말씀하십니다

행복이란 유아有我가 아닌 무아無我에서 얻어지는 것이라고…

진정한 사랑이 무너지고 있는 절박함이 보입니다

자기만을 위한 아가와 편견으로 꽉 차있는 사바에

관세음의 소리가 그리울 뿐입니다

나는 살아 있는 모두가 행복한 마음이길 기도합니다

# 길은 아름답고
## 아름답다

산길을 걷는다.

동반자 없는 외로운 산행에서 나를 묻는다.

내 인생人生의 바른 길은 무엇인가?

묻고 물어도 쉽사리 대답은 할 수가 없었다.

우리는 자신을 알고자 스스로 수없는 길을 물었고, 인류는 길을 묻는 의문 속에서 몸부림의 역사를 걸어왔다.

나의 출가도 인생의 근원에 대한 길의 의문이었다.

문수·보현과 새벽 밀어를 나누면서 내가 깨달은 것은 길이란 참으로 아름답다는 것이다.

이 우주 산하에는 수없는 길이 서로 관계하고 있다.

하늘에는 새들의 길, 산에는 들짐승의 길, 물에는 물고기들의 길, 봄 길은 생명을 꺼내어 희망의 잉태를 시켜주고, 여름 길은 왕성한 청춘의 욕망을 불사르고, 가을 길은 낭만과 우수의 사랑을 깃들게 하고, 겨울 길은 생生의 본질적인 것을 드러낸다.

사람들은 헤아릴 수 없는 수많은 길을 걷는다.
나는 무엇을 얻으려고 이 깊은 산길을 오르고 내리는가?

원효는 이렇게 말했다.
"헛된 길은 영원한 죽음이요, 헛되지 않은 길은 영원히 죽지 않는 길이다."
어느 현인은 즐거움을 모르는 사람은 실패의 길을 걷는 사람이라 하였다.

붓다는 말씀하신다.
"살아 숨 쉬는 모든 생명이여, 절대가치와 존엄으로 모두가 행복하라."
"생명의 길은 영원하다. 그 길의 아름다움을 어떻게 말로 다하리."
"인생은 세상의 길을 버리고 어떤 곳으로도 갈 수 없다."라는 내밀의 소리를 한참 후에야 들을 수가 있었다.

길은 본래로 만들어진 것이니, 버려야 할 것도 없다.
인생은 길을 버리고 다른 어느 곳으로 갈 수 있는 것이 아니다.

길은 태어나고 머물고 변하여 소멸하는 생명 모두를 아름답고
아름다운 하나의 길로 인연하는 것이다.

# 마음에 의하여 지배한다

모든 것은 마음에 의하여 지배되고
마음을 주인으로 마음을 이룬다

사람이 만약 더러운 마음으로 이야기하고 행동하면
괴로움이 그를 따르는 것
수레를 끄는 짐승의 발을 따름과 같다

모든 것은 마음에 의하여 지배되고
마음을 주인으로 마음을 이룬다

사람이 만약 깨끗한 마음으로 이야기하고 행동하면
즐거움이 그를 따르는 것
그림자가 형상을 따라 떠나지 않음과 같다

— 〈법구경〉

# 용서와 화해

서로가 스스로의 잘못을 인정할 때만이
용서와 화해는 이루어진다

서로가 스스로의 잘못을 인정하지 않는다면
용서와 화해는 다가오지 않는다

용서와 화해는 아름다움의 으뜸이요,
평화의 으뜸 가는 맑은 감로의 샘물이다

# 행복이란 나눔이다

인간이 아름다운 것은 상호관계 속에 연기되어 생활하기 때문
이다.
사람과 사람 사이에서 아름다움이란 주고받는 관계의 소통이다.

경전에서는 사람을 3종류로 분류한다.

첫째는 받기만 하고 주지 않는 이기주의의 사람이요,
둘째는 주지도 않고 받지도 않는 개인주의의 사람이며,
셋째는 받지는 않고 주기만 하는 이타주의의 사람이다.

이기주의는 맹목적 자기 탐욕만을 생각하고,
개인주의는 자기의 합리성만을 반영하고,
이타주의는 타인에 대한 희생과 봉사적 생각이다.

이타주의의 봉사와 희생은 행동 가운데 최상의 행동이다.
손해를 보면 울거나 원망으로 사는 사람은
행하기 어려운 일이기 때문이다.
청정한 무소유의 정신만이
봉사와 희생의 이타행동을 할 수 있다.

자비慈悲는 봉사와 희생으로 다가서는 행위이다.

중생을 향한 다함없는 보살의 무량심이다.

보살행의 다함없는 실천을 보시布施로서 가르치고 있다.


"삶에 있어 행복이란 서로 나눔이 있을 때

피어나는 꽃이 가리지 않고 향기를 주듯이

조건 없이 나누는 행위가 있을 때

평화와 행복이 온다."라고 붓다는 말씀하고 계신다.


또한 경전에서는 이렇게 가르친다.

"사람으로 하여 깨달음의 진리를 가르쳐 주는 것이 법시法施요,

가난함에 재물을 나눔이 재시財施요,

불안이나 두려움으로부터 안심을 주는 것이 무외시無畏施다."


보시를 통한 봉사 나눔의 길이 보살의 행함이니

이것이 불교의 자비요, 자비의 뿌리라고 부르는 것이다.

오늘의 공동사회, 함께하는 정의와 복지의 구현을 위해서는

보살의 자비정신, 나눔의 정신을 일깨우고 실천해야 하리라.

# 관세음(관자재)보살

위없는 자유의 경지Moksa — 해탈의 자유인이 되어
정지된 상태가 아닌 강물의 영원한 흐름처럼
개화開花되고 있는 꽃의 생명처럼 피어나서
생명 세계의 움직임을 살피시며,
중생의 소리를 보고 듣는 것이 걸림 없는 사람이니
이 분을 우리는 관세음觀世音보살이라고 부른다.

보살은 해탈의 모습으로 쉼 없이
중생으로 하여금 깨달음에 이르게 하고,
본질적 진리에 더할 수 없는 충만에 이른 자요,
축복받은 자bhagavati로서
어디든지 가리지 않고 자유롭게 나투시어
대자대비大慈大悲를 베푸시는 사람이니
이 분을 우리는 관자재觀自在보살이라고 부른다.

관세음보살은 중생의 끝없는 흐름 속에 계시면서
중생의 다함없는 염원을 관조하신다.
불안과 두려움 없는 자비의 마음을 부어 주시니,
세상의 고난을 구원하는 구세救世의 성자이다.

관자재보살은 여러 국토에서 중생의 소망에 따라

중생을 구원하기 위하여 일시에 32가지의 몸을 나투니

보문시현普門示現이라고도 말한다.

한국문명의 암흑을 비추는 역사의 구원자요,

우리 민족의 뿌리로 승화된 신앙이요,

무량한 공덕과 믿음의 어머니로 불리고 있는 것이다.

# 천국은 내 마음 안에 있다

죽음에는 늙고 젊음이 없다 죽음에는 순서라는 것이 없다.
불교는 죽은 뒤에만 극락 가고 지옥에 가는 가르침이 아니다.
또한, 어떤 절대자가 있어 구원하는 종교가 아님을 가르친다.

배워서 알고 깨달아 무지無知를 털면 구원이요,
지옥도 극락도 스스로의 마음에 있다고 가르친다.

생각해보라
스스로의 마음 없이 신神만 있고 부처님만 있다고
외치고 따르는 사람이 있을까?
만약 그런 사람이라면 그는 삶에 무지한 사람이며,
신神 없는 곳에 신神을 모신 맹목적 사람이며,
영혼 없는 영혼을 그려 놓은 미치광이에 불과할 것이다.
예수님도 신을 보이라는 바리새인들을 향하여
'신神은 네 믿음의 너 안에 계시며 천국은 네 마음 안에 있다'고
하였다.

천국이나 지옥은 내일을 위한 오늘의 인간이상人間理想의 것이요,
꼭 죽어서 가는 곳은 아니니라.

때문에 지금을 살아가는 생명을 바르고 바르게 살면 천국이요,
바르게 살지 못하면 지옥이리라.
육도에서 윤회하는 생명 모두가 세상의 현재에 있음을 우리는
보아야 한다.

붓다께서는 말씀하셨다 .
과거의 마음도, 현재의 마음도, 미래의 마음도 얻을 것이 없나니
무상의 찰나를 깨달으라!
거기에 자유와 평화가 있고, 그곳을 극락이라고….

예수, 공자 등 모든 성현의 가르침을 보라.
한결같이 인간으로 사람답게 사는 길, 잘 살아가라는 가르침이지
다른 어떤 말을 한 것이 아니다.

인간의 괴로움이란 모든 것이 욕망에서 만들어진 것이지
다른 무엇이 있어 괴로움이나 고통을 만드는 것이 아니다.
원하면 원할수록 많아지는 것이 욕망이요, 고통이다.

인간의 욕망이란 끝이 없고 한이 없는 것 같다.
우리가 이것을 완전하게 제거할 수는 없어도
욕망의 제어를 향하여 간절한 손을 모아 보라.
욕망의 숲을 헤쳐나가는 사람에겐 행복이 있으리라 믿는다.

# 성자의 참회

또 한 해가 저만치서 저물어 가고 새로운 해가 떠오른다.
새로운 것에 대한 희망은 사람들의 보편적 생각이리라.

내일의 후회를 덜고 소망의 삶을 담아내기 위해서는
지나온 삶에 대한 점검이, 소망 못지 않게 중요하다.
어제를 참회하며 자각하는 일은 더없이 소중한 자기 발전이다.

인간이 후회 없이 산다는 것이 얼마나 어렵겠는가?
후회 없이 죽는다는 것은 더욱 어려운 일이리라.
임종을 눈앞에 두고 있는 사람을 보라.
후회의 눈물 흘리는 사람을 많이도 보았다.
그 이유가 무엇이든….

우리는 항상 자기의 행동을 성찰하여,
희망의 내일을 위하여,
후회 없는 자기를 어루만져야 하리라.

참회는 때로는 아픈 것이지만, 새로운 자신을 탄생시키는
구할 수 없는 귀하고 귀한 보약이요,
내일에 구할 수 없는 자기 성장을 위한 양분인 것이다.

# 이 순간이 행복하다

인생에 가장 행복함은 살아 있는 이 순간이다

인생에 가장 아름다움도 살아 있는 이 순간이다

살아 숨 쉬고 있는 이 순간들이 절대 행복이다

어제는 이미 지나가 버렸고

내일은 아직 도래하지 않았다

오늘의 살아 있는 삶이 나의 모두여야 하리라

# 이 세상 저 세상 가지 않아도

걷고 걸어도 그대의 걷는 걸음이
이곳 세계에 이를 수 없다면
피안의 언덕 멀어라
고<sup>苦</sup>로부터 벗어나지 못하리라

그러나 지혜 있고 지견이 열려
세상을 바로 보는 사람
여실한 세계 진실로 보이나니
청정의 삶을 사는 사람이어라

그는 고요의 마음으로 삶의 끝을 보리라
피안의 언덕에서 해탈의 밥을 먹으리라
이 세상 저 세상 가지 않아도…

— 〈쌍윳따니까야〉

# 사람의 향기

꽃의 향기 아무리 좋다 하여도
바람을 거슬러 미치지 못하네

성냄 없는 얼굴

미움 없는 마음

부드러운 마음

맑은 바람 미치지 않는 곳 없으니
사람의 향기 가운데 최상의 향기라네

— 〈법구경〉

# 정진

나의 생명을 바치는 수고함이 있을 때
또 하나 나의 피어나는
기쁨 있는 생명을 얻을 수 있으리라

참 생명의 생명을 얻는 사람
피안의 언덕에서
고요한 평화를 누릴 수 있으리라

나의 다함없는 행복을 위해서
붓다는 쉼없는 정진바라밀을 말씀하신다

# 행복을 만드는 사람 (1)

우리가 소망하고 원한다고 하여
모든 것이 이루어지는 세상이 아니다

직관력의 정신을 키우는 사람
노력하는 마음이 있는 사람
그는 행복이라는 인생의 걸음을 걸으리라

자신의 서 있는 곳에서
사박사박 정진으로 나아갈 때
그는 자유의 고향을 보리라
그는 열반의 고향을 보리라

열반(행복)을 보는 사람은
위없는 행복을 장엄하는 사람 되리라

# 행복을 만드는 사람 (2)

시작이 좋아야 결과가 좋다는 격언처럼
행복의 결과를 만들려는 사람은
시작의 지혜가 있어야 하는 사람이어야 한다.

지혜의 시점은
아무것도 없는 광활한 들녘이어야 한다.
허허로운 벌판에
무너지지 않는 집을 쌓아 올리는 것이다.

주춧돌, 기둥, 지붕을 어떻게 맞추고
거실이나 방을 어떻게 꾸미며
어떤 아름다운 색칠을 할 것인가의 생각은
그 사람의 비수 같은 지혜의 결정이다.

지혜가 살아 움직이는 사람은
스스로의 아름다움을 맛보며
행복을 만들어 사는 것을 환희하리라.
하늘과 땅, 물과 달, 산과 강에서….

천공백운효天共白雲曉

하늘 하얀 구름 함께 깨는데


수화명월류水和明月流

물은 밝은 달을 안아 흐르네


— 〈경봉스님 게송〉

# 아름답게 산다는 것은

인간의 의식에서 가장 절실한 사실은
살려고 하는 생명력이라는 것이다.
때문에 인간의 삶은 사는 것에 대한 책임이요,
책임은 뭇 생명에 대한 포용이요,
포용은 사랑과 연민의 실천이다.

붓다는 말씀하셨다.
사랑과 연민의 자비실천이야말로
삶을 사는 생명의 가치라고 하신다.
자비의 실천은 대결이나 투쟁이 아닌
자타自他의 합일合— 정신이다.
합일 정신은 열린 지견의 비약 없이는 불가능하다.

우리는 끝없는 욕망의 굴레에 갇혀 있다.
욕망의 포기 없이는 투쟁만 있을 뿐
산다는 것의 참 의미를 맛볼 수 없을 것이다.

스스로를 정화하며 타인을 받아들이고
이해와 용서가 있는 곳에

우리들의 삶은 아름다움이 있으리라.

아름답게 산다는 것은

무엇보다도 생명에 대한 존경이요, 품어 안음이다.


생명의 해맑은 영혼을 보려면 하잘것없는

미물의 생명이라도

내 생명으로 아끼고 사랑해야 하리라.

이것이 아름답게 사는 생명의 면목이리라.

# 인연의 법칙

인연의 세계가 펼쳐지는 현상
그것은 무엇으로도 수식할 수 없는
아름다움이며 황홀한 풍경이다

그러나 보라!
아름답고 황홀한 현상도 무엇이나 정한 때가 있다

있을 때는 없을 때가 있고
심을 때는 뽑을 때가 있고
허물 때는 세울 때가 있고
웃을 때는 울 때가 있고
만날 때는 이별할 때가 있다

젊을 때는 늙을 때가 있고
살 때는 죽을 때가 있다

그러하나니 사람이 애써서 수고함이 어떤 열매를 맺는지
깊이 깊이 새겨볼 일 아닌가?

# 운명을 아는 사람

운명이라는 것은
우리들의 손안에 쥐어져 있는 것이 아니다
억지로 운명의 고리를 만들지 말아라

지금 내가 서 있는 곳이
결코 내가 있는 곳이 아니다
저 강물처럼 흐름 속에 있을 뿐이다
흐름이라는 흐름을 흘러가는 것이
우리네의 운명이 아닌가?

운명을 아는 사람은 지혜인이요
지혜로운 사람은 인생을 아는 사람이다
그는 열반의 밥을 먹을 줄을 안다

# 오늘 일에 최선을

사람들아 어제는 남김없이 지났다
지난 것은 잊어버리는 것이 최상이다

내일은 오로지 내일에 맡겨라
오지 않은 것을 걱정하고 근심함은
어리석음의 생각일 뿐이다

허겁지겁 끌려가며 몸부림하다가
어느 순간 세상이란 무대에서
가는지도 모르고 사라져가는 인생 아닌가?

그러함을 아는 깨어 있는 사람은
오늘 일에 최선을 다하여 살아가리라

# 열반 = 행복

탐욕의 불이 영원히 꺼지고
성냄의 불이 영원히 그치고
우치의 불이 영원히 멈추고
번뇌의 불이 영원히 다한 것이다

열반에 이르는 길은
두 길을 피하지 않으면 안된다
하나는 쾌락에 빠지는 길이요
둘은 고행에 빠지는 길이다

지혜로운 사람은 치우침 없이
중도中道의 길을 알아서
완전한 열반에 들어가나니라

— 〈열반경〉

# 여행을 하여라

그대여 묵묵히 그대와 여행 하여라

그대와 손잡고 그대의 여행을 하여라

지나간 것을 붙들지 말고 그냥 가거라

사랑하는 님이 그대를 맞이하리라

삶에서 소중함의 가치라는 것,

자기를 보는 여행 속에서 얻어지느니라

그대의 여행을 떠나는 것은

그대의 삶을 행복으로 녹이는 것이니라

# 인생의 아름다움

가장 티 없이 싱그럽고

천진스레 헤헤 웃는 아이의 얼굴같이

아이가 뛰노는 자유로움이

세상의 무엇보다 아름다우나니

나이가 들어 늙어도 아이같이

싱그러운 꿈을 품는 사람

그는 인생의 아름다움을 사는 사람이다

# 쉬어 가면 좋으리라

무엇이 당신을 그리도 바쁘게 하나요
쉬어 가시게나
지나치게 바쁘면 얻는 것 없고
오히려 잃는 것만 많으리니

길에서 이웃을 만나 잔잔한 이야기도 나누고
하늘의 달 구름도 천천히 바라보며
노랫가락도 뽑아보고
깊은 골짜기의 뻐꾸기 소리,
풀숲의 풀벌레들이 합송하는 대연주가
얼마만큼 황홀한 장관인가 들어보게나

덜컹대는 시골길 소달구지 마차에서
인생사랑 노래하니 행복은 오더이다

그믐날의 바람 같은 나그네 인생이여,
솔바람 물소리 향기에 취하여
바위에 꽃피우는 참 소식을 서두르지 말게나

인생의 종착역은 뻔한 곳이나
바람의 인생사를 쉬어가면 참 좋으리라

# 회향이 아름다운 사람

회향이란 거두어 되돌려주는 실천이다
베풀어 함께 나눔이다

석양이 아름다운 것은 왜일까?
그것은 아마도 새벽부터 한낮의 모든 것을
보듬어 안아 회향하기 때문이리라

사람도 가진 모든 것을 줄 수 있고
품어 줄 수 있는 회향이 중요하다
회향의 아름다움은
나눔으로 사는 자만이 이루리라
회향이 아름다운 사람
해가 달을 품듯 거룩한 빛이 감싸 안으리라

# 최상의 신비神秘

행복의 최상은 살아 있음이다

매일 아침 눈을 뜨고,

육신을 움직이며,

만물을 바라볼 수 있는

영혼의 느낌이 있을 때

나는 최상의 신비를 느낀다

살아 있음에

더 이상 다른 생각을 멈춘다

# 자신을 속일 수가 없다

먹구름이 해를 가리듯이

무지는 옳은 것을 보지 못한다

지혜가 없는 사람은

사람들을 억울하게 만들고 원한을 생기게 한다

욕망에 눈이 어두우면

언행에 절도가 없어지고

남을 속이고 해치며 살해하려 한다

그러한 사람일지라도

자신은 속일 수가 없다

구름이 하늘을 가리지 못하듯이

# 천수천안 관세음보살

자비란 일상의 마음만으로 생기고 이루고
행하여지는 것이 아니다

불구덩이 속에서 녹아내리는 쇳물처럼
손과 발 육신을 앗아가는 고통과
용광로의 시련을 견디는 생명으로
기꺼이 자신을 내어주는 성스러움일 때
샘이 솟아오르듯 자비는 이루어지리라

두 눈을 아낌없이 내어 주는 인고가 있었기에
천의 눈을 얻은 사람 되고
두 손을 아낌없이 내어 주는 아픔이 있었기에
천의 손을 얻은 사람 되어
위없는 중생의 고난을 섬기고 어루만지나니

그의 이름은 세계 속에서
대자비 천수천안 관세음보살이 되었느니라

# 욕망이라는 것

열 가지를 이루어 보라

또 열 가지를 이루어야 할 것이 생긴다

그대에게

욕망의 경계가 있겠는가?

경계가 없는 것이 욕망이나니

욕망의 경계를 보는 사람

자유 하는 행복이 있으리라

# 배우고 배워라

참고 견디는 것도 아름답다
사랑은 더욱 아름답다
이것의 실행은 말처럼 이루어지지 않는다
때문에 인생을 배우는 것 아닌가?

고통에서 희망의 의지를
아픔에서 감미로움을
운명에서 내일을 배우고 배워라

다함없는 시간이 있을 뿐이니
그대 자신 아는 것은 배움이니라

두려워 말고 다가와서
열정으로 생명의 춤과 가락을 배워라
싱그러운 인생의 싹이 돋아나리라

배워서 알고 깨어나서
바르게 깨달으면
그것이 구원이요, 행복이 아니겠는가?

# 무명의 족쇄

인생을 둘러싸고 있는 것은 무엇일까?
한마디로 고통이라고 말한다

고통으로부터 해방이 인생의 몸부림이다
그 몸부림은 무명의 족쇄를 푸는 일이다

무명의 족쇄가 나를 벗어날 때에
고통은 사라지고 자유의 행복이 있으리라

싯다르타가 보리수에 앉아 고행한 것도
이것에 대한 의문이었으니
불교를 공부하고 수행함이 이에 있으리라

# 노동(일)이란

자기 능력의 집을 짓고 색칠을 하는 일
행복한 스스로의 멋이 노동이다

밥을 먹는 맛을 알기 위하여
육체와 정신이 결합된 움직임이 노동이다

노동은 밭을 갈고 씨 뿌리는 작업이요,
생명을 살게 하는 거룩한 행위이다

나도 항상 밭을 가는 일하는 사람이요,
일은 생명의 젖줄이라는 붓다의 말씀이다

# 내가 저항하는 것은

예술이라 불리는 광란이 나는 무섭고 싫다
비인간적 미숙한 미美의 외침이 두렵다

지금 지구는 뻘겋게 불타오르고 있다
사람들의 끝없는 욕망으로 파괴되기 때문이다

문명의 진보에 아첨하고 변장하는 것,
그것이 나는 싫은 것이다

편리함의 문명이기로 순수 인간성을 사라지게 하는 것,
그것이 나는 싫은 것이다

나도 타락하고 몰락할 문명이기의 한 사람이다
그것을 나는 알고 있다
나도 이 시대의 사람으로 태어났기 때문이다

다만, 욕망의 문명진보에 저항함이 다를 뿐이다
내가 저항하는 것은
아름다움을 잃어가는 인간의 끝없는 광란이다

# 낮은 산이 좋다

높은 산은 불안하고 두렵다
낮은 산이 아름답다

낮은 산은 너그럽다
우리에게 안온과 평화를 준다


산 아래 산은 오직 산이요
山下爲山而山
물 아래 물은 오직 물이다
水下爲水而水

# 낮은 땅에서 이루어진다

인간의 모든 양식은 낮은 땅에서 이루어지며
높은 곳에서는 이루어지지 않는다
낮고 깊은 곳에서 생명의 젖줄은 솟아오른다

꿈 희망 성취도 낮은 땅을 벗 삼고,
고귀한 생명력, 인간의 사실주의가
낮은 땅이 아니면 이루어지지 않는다

탄생의 환희와 행복도, 그 어떤 장엄세계도
낮은 곳, 낮은 땅에서 이루어진다
내가 낮은 땅을 참 좋아함이 여기에 있다

# 가장 좋은 약

삶의 길 가운데 행복의 가장 좋은 약은
마음의 즐거움이다
즐거움은 병의 통증도 사라지게 만든다

즐거움을 주는 최상의 약은 웃음이라고 한다
웃는 사람은 마음이 순수하고 선하고 악이 없다
시기와 질투가 없다
미움과 원망이 없다
몸의 세포가 살아 싱싱하다
몸의 암세포를 죽이는 힘이 있다

웃음의 영어표기 스마일smiles은
'길게, 오래오래 웃어라'는 뜻이 아니겠는가?

웃음은 만병을 치유하는 마음의 치료약이다
웃음은 고통을 막아내는 방탄조끼이다
기뻐서 웃는 것이 아니라 웃으니까 기뻐진다
웃어라 꼬였던 일이 풀리고 행복해진다

— 윌리엄제임슨

# 피안으로 가는 사람

가는 사람이여, 가는 사람이여

피안을 향하여 가는 사람이여,

피안으로 넘어가는 사람이여,

피안의 언덕에 도달한 사람이여,

그대에
영원의 생명이 있으리라.

그대에
영원의 행복이 있으리라.

그대에
온전한 빛 있나니 열반의 빛이나이다.

— 〈반야심경〉

# 참사랑

그대가 사랑을 사랑한다면

그냥 사랑만 하여라

사랑에 색칠을 한다면

그것이 아무리 값비싼 색일지라도

그것은 이미 사랑을 잃은 것이다

사랑의 참 빛 사랑은

아무런 색깔도 없는 순백의

그냥 바라보는 유유한 사랑이니라

# 인욕의 환희

인생에서 한 송이 꽃을 피우기 위해서는
차이고 떨어지고 외면당하고 홀로이면서
아무도 모르게 고독한 눈물을 흘려보라
겨울날 밤새워서….

그리고 억울하여 아파도
이가 시리도록 참아보라

참음이 다할 때 그대의 아름다움을 보리라
신묘한 깨우침이 그대를 환희롭게 하리라
사랑을 품는 웃음꽃이 그대에게 있으리라
그대의 인생 속에서….

# 웃는 얼굴의 과보

마음에 활기가 있어야 한다

마음이 허허로워야 한다

마음에 욕심이 없어야 한다

마음이 비어 있어야 한다

그런 사람 항상 껄껄 웃는다

그런 사람 항상 복이 머문다

그런 사람 사람들의 영접을 받는다

그런 사람 세상의 과보가 즐겁다

# 산山은 산 너머에 있다

산山이라고 하는 것은
산의 꼭대기만이 산이 아니다
다만, 산의 일부이다
산은 첫 발자국부터가 모두 산이다

산 아래서 산을 모르는 사람은
산꼭대기에서도 산을 모르는 사람이다

산은 산 너머에도 무수의 산이 있다
우리들의 마음이 무수하듯이
무수한 산을 아는 사람, 그는 산 사람이다

산 아래서 행복을 모르는 사람은
산 위에서 행복을 모르는 사람이다

산은 산 너머에도 무수의 산이 있다

# 그대가 괴로운 것이어도

그대가 매일매일 괴로운 것이어도
그대 고통 없다면 기쁨 어디 있으리

모든 것 마음의 작용이나니
소유 없는 마음으로 기도하라

갓난아이처럼 티 없는 얼굴로
인동초 참아내듯 기도하여라

관음의 등불로 물들이는 기도는
만다라꽃 피어나는 행복 오리라

그대가 매일매일 괴로운 것이어도
서원의 다함없는 기도의 손 모음은
거울같이 티 없이 밝은 기쁨 있으리라

# 건강하고 아름다운 사람

삶이 건강하고 아름다운 사람의 마음이란….

항상 무엇인가를 하려고 하는 마음이요,

항상 무엇인가를 주려고 하는 마음이요,

항상 무엇인가를 배우려고 하는 마음이요,

항상 무엇인가를 희망하려고 하는 마음이다

서원의 끈을 놓지 않으려고 하는 마음이다

그는 삶이 행복한 사람이다

삶이 건강한 사람, 그는 아름다운 사람이다

# 행복의
## 수레바퀴

● 이 세상에 물처럼 부드러운 것은 없습니다.

한 방울의 부드러운 물이 쉼 없이 바위에 떨어져 바위에 구멍을 뚫는다고 합니다. 그 말의 의미가 무엇일까요?

가장 약한 것이 가장 강한 것을 이긴다는 것이라 생각합니다.

우리의 일상에 있어 남에게 지고는 못 살 것 같지만 부드러운 것이 강한 것을 이기듯이 지는 것이 이기는 것이요, 남에게 져줄 때 마음은 낮아지고 행복이 오는 것을 알아야 하고, 이기는 것이 행복한 것 같지만 사실은 불행의 씨앗인 줄 알아야 합니다. 자기를 낮추는 사람은 행복의 수레바퀴를 굴리는 사람입니다.

● 만족을 모르면 극락에 있어도 불만을 한다고 합니다.

선은 선으로, 악은 악으로 나아간다는 말은 동서고금의 격언처럼 불만은 악의 씨앗입니다. 불만의 씨는 질투의 싹을 틔우고 질

투는 타인을 해칩니다. 그러므로 불만의 씨를 잘라 없애는 것은
악을 잘라내는 것과 같습니다.

불만을 생산하지 않는 사람. 행복의 수레바퀴를 굴리는 사람입
니다.


● 약하고 약한 인간의 실제 그림자도 볼 줄 알아야 합니다.

몸에 붙어 있는 생명의 그림자가 찰나 순간 옮겨가는 것을 아는
사람이 있는가?

마냥 만물의 영장이라고 기뻐할 수만은 없는 것 같습니다.

인간이 잘났다고 폼 잡는 육체엔 이미 약속된 늙음과 죽음이 있
습니다.

모든 생명의 의미를 알기 위해서는 눈에 보이는 것보다 눈에 보
이지 않는 세계를 보는 지혜가 있어야 합니다. 그것은 정신이요,
깨달음입니다.

우리들의 생각과 보는 것은 오직 정신이니, 정신을 보는 사람,
그는 행복의 수레바퀴를 굴리는 사람입니다.


● 사람이 산다는 것은 투쟁하고 싸우는 것이 아닌가 싶습니다.

중생의 삶은 가시밭길 같은 험한 언덕을 기어오르는 사투와 같
습니다.


어느 날, 장자가 숲을 산책하다가 날지 못 하는 새 한 마리가 밤
나무 숲 밑에 앉아 있는 것을 보고 활을 겨누고 있었습니다. 그

러다가 한쪽을 보니 숲속의 매미 한 마리가 그늘에 숨 쉬고 있었습니다. 그 곁에는 사마귀가 숨어 매미를 잡으려고 정신을 집중하고 있는데 사마귀 뒤에는 까마귀가 사마귀를 잡으려고 발톱을 곧두세웠습니다. 그 광경을 목도한 장자는 "아, 놀랍고 놀랍도다. 만물은 서로를 해치면서 서로에 짝하고 있구나." 하며 화살을 던지고 숲을 빠져 나와 3달 동안 침묵하고 칩거하였다 합니다.

이 이야기의 의미가 주는 교훈은 설명보다 독자들의 생각에 맡깁니다. 다만, 생명의 가치를 깨닫는 사람은 행복의 수레바퀴를 굴릴 줄을 안다는 것입니다.


● 아름다운 마음의 사람은 언제나 아름다운 것을 가집니다.

아름다운 사람의 생활은 자기를 자기 영혼의 빛 속에 품는 사람입니다.

절망과 괴로움, 고독을 자기 품 안에 품는 사람은 불평이나 불만이 내 영혼의 부패라는 것을 아는 사람입니다

그는 인생의 살림살이에 지혜의 수레바퀴를 굴릴 줄을 안다는 것입니다.

제4장

내가 사랑한
붓다 이야기

붓다는 영원한 나의 벗이요, 어머니요,

나를 인도하는 스승입니다

나는 붓다의 이야기에서 눈물을 흘린 적이

한두 번이 아닙니다

붓다는 애인이 되어 나를 품어 줍니다

오늘도 나는 붓다가 있어 사는 맛이 있습니다

# 진실이 아니면 침묵하라

## 붓다와 사리불 이야기

사리불은 붓다가 가르치는 모든 것이 인과因果로 발생하는 생명 세계가 연기에 의하여 설명되고 있음을 잘 알고 있었다.

그러나 '윤회를 끊어버린 성자에게 있어서 죽음 뒤의 몸은 어떤 변화와 어떤 상태를 가져오는 것일까? 죽고 난 뒤의 성자의 본성은 어떻게 설명할 수 있을까? 하고 마음 깊은 곳으로부터 의문이 쌓여 있었다.

사리불은 존재에 대하여 존재의 속박을 온전히 깨뜨려버릴 수가 없었다.

붓다가 이시파타나의 사슴동산에서 가르침을 펴고 있던 어느 날 사리불은 붓다 앞으로 나아가 물었다.

"세존이시여, 성자는 죽음을 겪은 뒤에도 존재하는 것입니까?"

"사리불아, 그 물음에 대답하지 않겠다."

"성자는 죽음을 겪은 뒤에는 존재하지 않는 것입니까?"

"그 질문에도 대답하지 않겠노라."

"성자는 죽음 뒤에 존재하지 않고 존재하지 않는 것도 아니란 말씀인가요?"

"사리불아, 그 질문에도 답하지 않겠노라."

사리불은 붓다의 대답에 마음이 혼란스러웠다.

"사리불아, 네가 나에게 던지는 모든 질문에 응답하지는 않는다. 내가 대답할 수 없는 질문이 들어 있기 때문이다."

붓다는 이어서 말씀하셨다. "사리불아, 성자에 대해 너는 두 가지 의문이 있구나. 하나는 성자가 죽었을 때 어떤 일이 일어나는가이고, 또 하나는 죽은 뒤의 성자에 대한 상태에 대해서이다. 너의 의문이 맞는 것이냐?"

"예, 그러하옵니다."

"사리불아, 처음 의문에 대해서는 명확하게 대답하겠다. 성인은 존재를 포함하여 모든 것에 집착과 욕망을 버렸기 때문에 다시금 윤회의 몸을 얻게 되는 원인을 제거해버렸다. 그렇기 때문에 다시는 윤회의 몸을 받지 않는 것이다.

그러나 성자가 죽은 뒤의 상태에 대해서 네가 계속 물어온다면 나는 거기에 답할 수가 없구나. 그것은 질문 자체가 누구라도 대답할 수가 없는 질문이기 때문이다."

붓다는 계속하여 말씀하시었다.

"사리불아, 타오르는 불꽃이 꺼졌을 때 그 꺼져버린 불꽃이 어디로 갔느냐고 물을 수 있느냐?"

"세존이시여, 그런 질문은 할 수가 없습니다."

"왜 못 하는가?"

"불꽃이 어디로 갔는지 알 수 있는 방도가 없기 때문입니다. 다만 불꽃이 피어나는 조건이 갖추어지지 않으면 불꽃은 존재할 수가 없다는 것입니다."

"사리불아, 바로 그와 같이 몸을 구성하는 다섯 요소인 몸色, 느낌受, 지각想, 작용行, 의식識에 해방되어 자유로워져 있는 성자에 대한 죽은 뒤에 상태에 대해서 물어볼 수가 없는 것이니라. 사리불아, 내가 대답하지 않고 침묵하는 의문들과 그 까닭을 알고 싶은가?"

"세존이시여, 그리하여 주신다면 제가 의혹을 씻어내는 데 많은 도움이 되겠습니다."

"사리불아, 세계가 영원한지 영원하지 않는지, 세상이 유한한가 무한한가, 하고 물어본다면 나는 그 질문에 언명하지 않고 침묵한다. 그것은 이러한 연유에서다.

첫째는 경험에 기초해서 그러한 질문들에 대답할 수 없음이며, 나는 모든 일을 볼 수 있는 눈과 모든 소리를 들을 수 있는 귀와 다른 사람의 마음을 읽을 수 있는 능력과 윤회하는 중생의 전생과 내생을 알 수 있는 지각력을 가지고 있다.

그러나, 우주가 처음 시작하는 순간을 보지도 못했고 세계에 존재하는 영원한 실체를 보지도 못했다. 나는 경험해보지 못한 것에 대해 규정할 수도 없고 표현할 수도 없다. 경험이 없는 것을 어떻게 설명한단 말인가? 추론이나 상상은 개인의 편견과 좋고 나쁨에 의하여 일어나는 것…. 그러한 추론이나 상상은 필연적으로 분쟁이 일어나는 것이다. 거기에 누가 옳고 그르다는 판정을 내릴 것인가. 그래서 나는 경험이 없거나 주어지지 않았거나 하는 문제들에 대해서는 대답하지 않는 것이다.

둘째는 우주가, 세계가, 영원하냐 하지 않느냐 하는 문제의 논의는 우리가 세상을 살아가면서 부딪히게 되는 많은 문제들을 해결하는 데 아무런 도움이 되지 않는 것이다. 우리의 그러한 논의와 관계없이 인간의 고통과 괴로움은 엄연히 존재하고 이 고통이라는 것은 원인에 의하여 나오는 결과요, 고통의 원인들을 제거할 수 있는 것이요, 고통이 소멸되는 완전한 길도 있는 것이다. 나는 그런 어리석은 의문들에 대답하지 않기 때문에 어리석은 논쟁에 휩쓸리지 않는 것이다."

"사리불아, 이제 내가 너에게 질문하여도 되겠느냐?"
"네."
"사리불아, 어떤 사람이 쏜 독화살에 네가 맞았다고 하자. 너는 어떻게 하겠느냐? 화살이 날아온 곳을 알아내고 누가 쏘았는지를 알고 무엇 때문에 나에게 화살을 쏘고 그가 어떤 사람인지를 알고 싶다고 말하겠느냐?"

"세존이시여, 그럴 수는 없사옵니다."

"그러면 어떻게 하겠느냐?"

"화살을 한시라도 빨리 뽑아내려 할 것입니다."

"왜 그러느냐?"

"만일 원인을 찾는다면 그 답을 찾기도 전에 저는 고통스러울 뿐만 아니라 죽을지도 모르기 때문입니다."

"사리불아, 바로 그렇도다. 화살을 뽑아 상처를 치료함이 현명한 지혜로움이거늘 어찌 화살을 알고 뽑는 어리석음을 범하겠느냐? 구할 수 없는 해답을 찾는 것은 어리석은 일이다. 영원히 꺼져버린 불꽃을 논하는 것은 사람이 이 땅에 아무리 오래 살아도 해결되지 않는 문제요, 답할 수 없는 것이니라. 우리 앞에 놓여 있는 문제들을 해결하는 데 도움이 될 수 없는 것에 귀중한 시간을 헛되이 보내서야 되겠느냐?"

"이제 저의 마음은 밤하늘의 별빛과 같습니다. 세존이시여."

사리불은 붓다의 설법에 모든 의문이 풀리고 깨달음의 자유와 깊은 지혜를 얻었다.

# 도의 문에는
# 빈천이 없다

## 니이다이의 출가 이야기

어느 날 붓다는 아난다를 데리고 사위성의 거리를 거닐고 있었다. 작은 골목을 지나려 할 때 인분이 가득찬 들통을 짊어진 한 사나이가 비틀거리며 다가오고 있었는데 그는 붓다를 보자 어찌할 줄을 모르고 허둥대고 있었다. 그는 천민으로 남의 집 머슴살이를 하고 있는 니이다이라고 하는 사나이였다.

더러운 냄새를 풍기는 인분이 가득 든 들통을 짊어진 자신의 처지를 부끄럽게 여기고 또한 붓다에게 그 불결한 모습을 보이지 않게 하기 위해 옆으로 피하려고 애썼다. 붓다는 옆길로 빠지려고 애쓰는 니이다이의 마음속을 헤아리고 아난다를 재촉하여 앞질러 나가려고 걸음을 재촉하였다.

'붓다는 청정하여 나 같은 더러운 것이 붓다에게 가까이 하면 그

죄는 더욱더 무거워지리라.' 하고 생각한 니이다이는 길을 피하
려고 하다가 너무 긴장한 탓으로 그만 인분통을 벽에 부딪쳐 깨
뜨리고 말았다. 인분은 사방에 흩어지고 니이다이는 온몸에 인
분을 뒤집어쓰고 길바닥에는 더러운 분뇨가 흐르고 냄새가 진
동하였다. 붓다의 옷에도 분뇨가 튀어 옷을 더럽혔다.

니이다니는 어찌할 줄 모르며 분뇨가 흐르는 길바닥에 무릎을
꿇고 합장하며 엎드렸다.

"세존이시여, 참으로 황송하옵니다. 용서하여 주십시오."

낙담과 두려움으로 붉어진 얼굴로 니이다이는 빌고 빌었다.


이런 니이다이의 착하고 선한 마음을 투시하여 알고 있는 붓다
는 그의 곁으로 다가가 자비스러운 목소리로 니이다이를 불러
손을 잡았다.

"니이다이야."

니이다이는 울면서 붓다를 바라보았다.

"니이다이야, 지금 나를 따라감이 어떤가?"

니이다이는 놀라 떨리는 소리로 말했다.

"어찌 저와 같이 비천하기 짝이 없는 몸이 세존을 따를 수 있겠
습니까? 세존께서는 진리의 정각자이시며 임금의 아드님이요,
곁에 있는 모든 분들이 훌륭하온데 저와 같이 천한 몸으로….."


"그렇지 않단다. 니이다이야, 나의 법은 온갖 더러움을 씻어 깨
끗하게 하는 맑은 물과 같은 것이니라. 또한 크고 작고, 좋고 나

쁜 것을 가리지 않고 모두 태우는 큰 불과 같은 것이니라. 나의 법은 대해大海와 같은 것이니라. 모든 것을 받아들여 온갖 어려움과 욕망을 벗어나게 하는 것으로 빈부·귀천이 나의 법 앞에는 아무런 문제가 되지 않느니라."

붓다는 니이다이의 손을 잡고 게송을 읊었다.

내 법 배워서 구함을 얻어 빛을 보려므나.
출가함이 좋으리라. 지금에….
진리의 단 이슬은 지혜로운 자만이 마시리라.
어찌 출생과 종족에 관계 있으랴.
귀하고 천한 것 모두가 사대四大가 빚어낸 꿈이라 지혜가 없이는 구원을 받을 수 없네.

니이다이는 뛰어오르고 싶을 만큼 구원의 빛을 기뻐하였다.
"저와 같은 사람에게도 세존의 허락이 계시오면…."
붓다는 니이다이의 손을 이끌고 강변으로 데리고 갔다. 몸을 깨끗이 씻게 하고 마음을 안정시켜 기원정사로 데리고 돌아왔다.
니이다이는 붓다로부터 삭발을 하고 충만된 기쁨으로 동료들과 열심히 수행·정진하여 아라한을 얻었다.

# 국왕의 교만을
# 조복하다

### 빈두로 비구 이야기

붓다의 제자 가운데 빈두로賓頭盧 비구가 있었다. 그는 밧지국 우데에나 왕의 왕사인 구섬미성이라는 바라문의 아들로 어려서부터 영명하였는데 청년이 되어 고오시타 동산에서 부처님의 설법을 듣고 귀의·출가하여 깨침을 얻고 신통력이 뛰어난 아라한이 되었다.

어느 날 빈두로 비구는 붓다에게 아뢰었다.

"세존이시여, 저의 나라 왕인 우데에나왕은 마음이 포악하고 자비심이 없어 살생을 즐기며 여색에 젖어 정법을 모르고 있습니다. 왕이 교만하여 백성을 받들 줄 모르고 오히려 노예 취급을 하면서 폭정을 휘두르고 있어 백성들의 삶은 고통스럽기 그지 없습니다. 그러므로 저는 고향에 돌아가 왕에게 세존의 큰 가르침을 펴고자 합니다. 허락하여 주옵소서."

세존은 빈두로 비구의 갸륵한 간청을 허락하였다. 고향에 돌아온 빈두로는 밧지성 밖의 숲 속에 살면서 성 안으로 들어가 탁발을 하며 수행에 전념하였다. 빈두로가 돌아왔다는 소식을 들은 우데에나왕은 숲 속으로 찾아왔다.

"존자의 집안은 대대로 나라의 국사로서 나오는 대단한 친분을 유지하고 있소. 이번에 붓다의 제자가 되어 가르침을 받고 돌아왔다는데 어떤 가르침을 배워 왔는지요? 나의 생각을 이야기할 테니 대답하여 주시오."

"무엇을 생각하고 있는지 말씀하여 보십시오."
"세간의 사람들은 모든 오욕을 탐하고 욕정을 원하는 대로 즐기고 있으나 당신은 이 외로운 곳에 홀로 있어도 참으로 유유자적하여 보이오. 용모도 숭고하여 보이고 얼굴의 맑은 것은 어떤 까닭이오? 좋은 음식도 먹지 않는 것 같은데….

"저의 생각에 따르면 세간의 사람들이 구하는 것은 모두가 허망하고 허무한 것입니다. 그러므로 저는 사람들이 추구하는 욕망을 버리고 들사슴과 같이 숲 속에 들어와 세존의 가르침에 따라 도를 닦고 번뇌의 나뭇가지를 꺾고 있습니다. 그리하여 미망迷妄의 독기毒氣는 다하고 오욕의 생사유전의 흐름을 멈추고 마음은 허공과 같이 트이어 새가 하늘을 나는 것과 같은 마음입니다."

우데에나왕은 다시 물었다.

"존자여, 나의 세력은 강대하고 여러 나라를 정복한 나의 위엄은 하늘의 해와 같다고 사람들은 말하고 있소. 나는 머리에 천관을 쓰고 몸에는 영락을 두르고 좌우에 많은 미녀를 거느리고 있는데 당신은 그것을 보고도 부러운 생각이 들지 않소? 솔직하게 말해보시오."

"왕이여, 나는 번뇌를 여의어서 천녀의 아름다움도 내 마음을 떠났습니다. 하물며 인간세계의 오염된 아름다움을 부러워하겠습니까? 도를 닦아 적멸에 들어 지혜의 눈을 가진 자가 어찌 왕의 세력을 부러워하겠습니까? 밝은 눈을 가진 자는 장님을 두려워하지 않습니다. 죄 없는 사람이 어찌 죄지은 자를 부러워하겠습니까? 왕이여, 당신은 번뇌로 인하여 눈은 어둡고 미망에 빠져 고통의 바다에 부침하여 오욕을 탐하는 일을 자랑스럽게 생각하지만 오욕은 고苦의 근원이며 어린 생명의 싹을 해치는 때 아닌 우박과 같은 것입니다. 오욕은 사람들을 괴롭게 하는 죄의 그물입니다. 그것은 참으로 무서운 것이요, 두려운 것입니다."

빈두로 비구는 노래를 불렀다.

> 왕위 어찌 영원하리요.
> 그 지위 이름 높다 하여도
> 거리의 원숭이처럼
> 두려움에 항상 떨리라.
> 왕의 비단옷 아름다우나

잠이 든 불뱀 같아

이를 집에 맞아들이면

재앙은 불길이 일듯

그 집안을 모두 태우리.

버려진 고깃덩어리에

새와 짐승 서로 다투듯

왕위 또한 그러하여 싸움의 불씨 이네.


"대왕이여, 이 육체는 곧 사라져 썩어지고 영화는 잠깐이며 재물은 없어지는 것입니다. 사랑을 하는 사람도 하룻밤을 함께 새운 새들처럼 서로 헤어집니다. 활짝 피었던 향기로운 꽃도 곧 시들듯이 몸에 감겨져오는 영화도 사실은 무상한 것입니다. 오욕은 곧 슬픔으로 다가오는 것입니다. 나는 그러한 덧없는 것을 부러워하지 않습니다."

우데에나왕은 빈두로 비구의 거침없는 진솔한 설법에 머리를 숙이고 무릎을 꿇었다. 왕은 부끄러움을 느끼고 있었다.

"빈두로 존자시여, 나의 교만과 무례를 용서하소서."

왕은 세존이 계신 곳을 향하여 절을 올리고 부처님께 귀의하였다.

# 우둔한 사람일지라도

**주리반득 이야기**

어느 날 붓다가 기원정사의 문을 나서려 하셨을 때 문 밖에서 큰 소리로 울고 있는 사나이가 있었다. 붓다는 무슨 일인가 싶어 나가보니 사람들에게 바보 취급을 받고 있는 주리반득이었다.

주리반득의 부모는 여행하다가 길가에서 맏아들을 낳고 반득이라 이름하였다. 뒤에 또 다시 길에서 둘째 아들을 낳아 주리반득이라 하였다. 반득은 길, 주리반득은 작은 길이라는 뜻이다. 형은 총명하나 아우는 매우 어리석었다.

그러나 붓다는 주리반득이 악의 없는 선량한 마음과 거짓 없는 정직한 사람인 것을 알고 남 모르게 아끼며 동정하고 있었다.

"주리반득아, 왜 울고 거기 서 있느냐?"

"세존이시여, 저는 영리하지 못하고 우둔하여 사형師兄이 가르쳐 준 게송을 도저히 외울 수가 없습니다. 형님은 제가 희망이 없다

하여 집으로 돌아가라고 저를 이렇게 쫓아내었습니다. 그래서 어찌하면 좋을까 하여 울고 있는 것입니다."

"주리반득아, 이제 걱정하지 마라. 나와 함께 내가 있는 곳으로 가자꾸나. 스스로 어리석음을 아는 자는 지혜로운 사람이다. 어리석은 자는 스스로 지혜롭다고 말하니 그것이야말로 참으로 어리석은 것이다."

붓다는 주리반득을 붓다의 처소로 데리고 왔다. 아난다를 시켜 가르치도록 하였으나 결국 아난다도 어찌할 도리가 없어 붓다는 아주 짧은 두 개의 글을 가르치고 외우게 하였다.
'티끌을 털고 때를 닦아 없애리라.'라는 글귀였다. 그러나 그 짧은 게송마저 외울 수가 없었다. 모든 사람들은 주리반득의 우둔함에 새삼 놀라고 더 이상은 어떻게 할 수가 없다고 이야기하였다. 그러나 붓다는 주리반득을 가슴에 품으며 희망을 저버리지 않았다. 그를 불러 조용히 물었다.

"주리반득아, 너는 비구들의 신발을 깨끗이 닦고 비구들의 방을 소제할 수가 있겠느냐?"
"예, 저는 무엇이든지 일할 수 있습니다."
"그러면 너를 위하여 비구들의 신발을 닦고 방을 소제하여라."
주리반득은 붓다가 시키는 대로 일을 하고자 하였다. 그러나 비구들은 신발을 닦는 것도 수행의 하나로 삼고 있으므로 주리반득이 하고자 하는 것을 거절하였다. 그것을 본 붓다는 주리반득을 위하여 비구들의 신발과 방의 소제를 거절하지 말도록 하였다. 그리하여 주리반득이 신발을 닦으러 오면 그를 동정하여 '티끌을 털고 때를 닦아낸다.'라는 글귀를 가르쳐 주었다. 주리반득은 일념으로 대중들의 신발과 방을 소제하며 그 게송을 수없이 되뇌어 드디어는 외울 수가 있었다.

그리고 글귀만 아니라 그의 뜻도 확연히 깨닫게 되었다.
'티끌과 때에는 두 개의 의미를 담아내고 있다. 하나는 안에서 오는 것이요, 또 하나는 밖에서 오는 것이다. 밖의 때라는 것은 흙과 잡초 등 눈에 보이는 먼지이며 없앤다는 것은 깨끗하게 하는 것이다. 안으로의 티끌과 때는 마음의 결박이다. 지혜는 마음의 결박을 풀고 없애어 마음을 청정케 하는 것이다.'

이처럼 주리반득은 마음속이 밝아지고 이제까지의 몰랐던 일들이 보였다.
'티끌이나 때는 탐욕이다. 지혜로운 사람은 이 탐욕을 없애는 것이다. 이것을 없애지 않으면 괴로운 인연이 생겨 속박하고 괴롭게 하여 지옥으로 떨어지게 한다. 진에瞋恚도 티끌이요 때이다. 지혜로운 자는 이것을 없애야 한다. 그렇지 않으면 자신과 타인을 모두 불행 속에 빠뜨린다. 어리석음도 또한 티끌이요 때이다. 지자智者는 능히 이것을 벗어나야 한다. 그렇지 않으면 마음의 청정을 얻을 수가 없다.'

주리반득은 스스로 깨달은 삼독三毒을 없애는 수행에 온 힘을 기울였다. 본래 천성이 착한 그는 삼독을 극복하고 애증이 없는 평등한 마음을 갖고 무명의 껍질을 벗어 모든 것을 투시할 수 있는 마음이 확연히 열렸다. 주리반득은 기뻐하며 세존께 나아가 말하였다.

"세존이시여, 이제 겨우 눈을 떴습니다. 마음속의 티끌을 털고 때를 닦아낼 수 있게 되었습니다."

"어떻게 알게 되었느냐?"

"없앤다는 것은 깨달음입니다. 그리고 때는 마음의 결박이요, 번뇌입니다."

"선재, 선재라. 주리반득아, 잘 깨달았다. 없앰은 곧 깨달음이요, 때는 곧 마음의 장애이니라."

기원정사의 비구들은 주리반득이 깨달았다는 사실에 놀라고 놀랄 뿐이었다.

붓다는 대중에게 말하였다.

"많은 경서를 읽는다 하여도 그 참된 뜻을 알지 못하고 행하지 않으면 무익한 것이니라. 하나의 법구法句라도 그것을 참으로 알고 실행을 한다면 반드시 도道를 얻을 수 있나니라. 주리반득은 그것을 실천한 본보기이니라."

주리반득은 아라한이 되어 사람들로부터 존경받는 사문이 되었다. 그러나 그는 여전히 비구들의 신발을 닦으며 작은 소리로 게송을 읊었다.

"티끌을 털고 때를 닦아라."

이렇게 붓다는 아무리 우둔하고 뒤떨어진 사람일지라도 버리지 아니하고 마음에 품으며 자비로 인도하니 붓다의 인간을 사랑하는 마음이 어떤 것인지 우리는 알 수 있을 것 같다.

# 사랑 있음에
# 행복하여라

아나율 이야기

기원정사의 대강당은 붓다의 설법을 듣기 위하여 모인 비구와 대중들로 가득하였다. 붓다는 사자좌에 올라 대중을 한 바퀴 돌아본 다음 법을 설하고 계셨다. 그 설법의 자리에는 아나율도 있었는데 그는 연일 정사의 일로 피로에 쌓여 자신도 모르게 꾸벅꾸벅 졸고 있었다. 아나율이 졸고 있는 모습을 보면서 붓다는 "설법을 들으면서 기분 좋게 잠을 잔다."라고 하는 나무람도 아닌 조용한 경책을 하였다.

그러나 법좌法座의 설법이 끝난 다음 붓다는 아나율을 불러 추상같은 꾸중을 하였다.
"아나율아, 네가 출가하여 도를 닦는 것은 무엇 때문이냐?"
"네, 생·로·병·사·우·비·고·뇌를 싫어하여 그것을 버리기 위함입니다."

"아나율아, 너는 지금까지 굳은 신심으로 출가하여 도를 닦아왔다. 그런데 설법을 들으면서 법을 구하는 마음도 없이 졸고 있다니 최초의 굳은 결심은 어디로 갔느냐? 이제 도를 구하는 마음이 없어진 것이 아니냐? 그렇게 게으름을 피우고 해이한 정신으로 어떤 도를 구하겠느냐?"

아나율은 합장한 채 세존 앞에 납작 엎드렸다.

"죄송하옵니다. 세존이시여, 분명히 저의 마음이 방일하고 해이한 탓입니다. 오늘 이후로 저는 어떠한 일이 있더라도 몸이 녹아내리고 부서질지라도 세존 앞에서 절대로 잠을 자지 않겠습니다."

그날부터 아나율은 수마와 싸우기 시작하였다. 잠자는 것을 거부한 아나율의 눈은 감겨질 줄을 모르고 언제나 초롱초롱 빛나기만 하였다. 새벽이 되도록 잠을 자지 않는 날이 계속되었다. 붓다는 걱정이 되었다.

"아나율아, 너무 미치지 못한 것도 좋지 않으나 너무 지나친 것은 더욱 좋지 않느니라. 중도中道를 행함이 옳으리라."

"세존이시여, 이제는 잠을 잔다는 것이 도리어 힘겹게 느껴집니다. 세존께 맹세함을 어길 수 없나이다."

"그것에 얽매이지 마라. 눈을 아끼는 것이 좋으리라."

그러나 아나율은 듣지 않았다. 붓다는 걱정이 되어 의사인 지바카를 불러 진찰케 하였다.

"푹 잠을 자고 눈을 쉬게 하면 낫겠습니다."

"아나율아, 일체 중생은 먹어야 사느니라. 먹지 않으면 살 수도 존재할 수도 없는 것이다. 눈에는 잠자는 것이 밥이다. 열반에도 밥이 있거늘 밥을 먹지 않고 어찌 건강하고 해탈을 구할 수 있겠느냐? 아나율아, 잠을 자거라."

"세존이여, 열반은 어떤 밥을 먹습니까?"

"방일하지 않는 밥이니라. 방일치 않으면 모든 법의 진실체인 무위無爲에 이를 수가 있느니라."

"세존이시여, 눈은 잠이라는 밥을 먹어야 한다고 말씀하시지만 이제 저는 밥을 먹을 수가 없게 되었습니다. 자비로 용서하여 주십시오."


붓다는 지바카를 불러 아나율의 눈을 치료하게 하였다. 그러나 백약이 무효였다.

어떠한 치료도 그의 눈을 감게 할 수가 없었다. 오래지 않아 아나율은 눈동자만 멀뚱멀뚱 뜬 채로 시력을 완전히 잃고 말았다. 어느 날 아나율은 옷을 깁기 위하여 바늘구멍에 실을 꿰려고 하였다. 누가 도와주었으면 하고 생각하였다. 마침 아나율의 방 앞을 지나던 붓다는 그것을 보았다.

"아나율아, 바늘을 다오, 내가 꿰어주마."

아나율은 황송하여 주저하였다. 그러나 붓다는 바늘을 받아 실을 꿰어주었다. 아나율의 보이지 않는 눈에 눈물이 고였다. 그것을 본 붓다의 눈에도 눈물이 고였다. 그러나 그 눈물은 아무도 보지 못하였다.

수면을 거부한다는 것은 고행 중에서도 고행이 아닐 수 없다. 그리고 부처님은 극단의 고행을 긍정하지 않으셨다. 극단은 고행은 진리에 이르는 태도가 아니라고 하시고 오직 중도中道를 행함만이 진리에 이를 수 있다고 하셨다. 그런 부처님께서 어찌하여 아나율의 극단적인 고행을 적극적으로 만류하지 않으시고 보고만 계셨을까? 고행을 중단하고 중도를 걸으라고 권고는 하셨지만 이제 잠을 잔다는 것이 힘겹게 되었다고 대답했을 때 부처님은 적극적인 만류는 하지 않으신 것 같다. 왜 그러하셨을까? 그것은 진리 속에 들어가지 않고는 진리를 체득할 수 없음을 알고 계시는 붓다로서, 또한 아나율의 굳은 심경을 읽고 있는 붓다로서는 아나율에게 진리의 체득이 관념이 아닌 진리의 실체에 끝까지 가보고 그 참다운 실체적 진리에 안주해 본 자만이 참된 진리를 맛볼 수 있고 진리의 밥을 먹을 수 있음을 알게 하는 가르침이었다고 생각지 않을 수 없다.

어느 날 아나율은 아난다를 만나 말하였다.
"아난다여, 나의 옷이 모두 해져 도저히 입을 수가 없구려. 나를 위하여 여러 비구들과 함께 옷을 지어 주시지 않으렵니까?"
아난다는 여러 비구들에게 말하였고 비구들은 아나율의 처소로 와서 옷을 짓기 시작하였다. 그것을 안 붓다는 아난을 불렀다. 아난은 조심스럽게 말하였다.

"세존이시여, 아나율이 있는 곳으로 가시어 그를 위해 옷을 지어 주시겠습니까?"

붓다는 제자들과 함께 아나율의 처소로 가시어 그를 위하여 손수 재단을 하고 옷을 지었다. 세 벌의 옷이 하루동안 완성되었다. 옷을 다 지은 붓다의 얼굴에는 기쁜 미소가 스치고 있었다. 법석의 꾸중 한마디가 아나율의 눈을 멀게 한 것에 대하여 붓다가 얼마나 마음 아파하고 있었는지 깨달은 비구들은 선명히 알고 있었다. 또한 동시에 아나율이 얼마나 붓다를 존경하고 있었는지도 알고 있었다.

아나율은 쉬지 않고 정진을 거듭하였다. 몇 년의 세월이 흘렀다. 선정禪定을 닦아 깊은 삼매에 든 아나율의 눈에 인천人天의 모든 경계와 상황이 명확히 보였다.

보는 것에 어떤 장애도 느끼지 않았다. 그리하여 아나율은 붓다의 제자 가운데 심안心眼이 열린 천안天眼 제일의 이름을 얻었다. 아나율이 육안 대신에 천안을 얻은 것으로 위안을 삼으니 붓다의 아나율에 대한 자비가 어떤 마음인지를 알 수 있으리라.

어느 때 붓다를 만난 아나율이 말하였다.

"세존이시여, 정진하며 만족할 줄 아는 것은 참으로 중요한 것이라 생각합니다. 저는 작은 것이지만 만족함을 얻고자 수행에 힘쓰고 있습니다."

"아나율아, 그것은 참으로 진리의 맘이다. 나도 정진으로서 정각을 이룰 수 있었느니라. 아나율아, 모든 붓다는 한결같아 계율과 해탈과 지혜가 동일하다. 그러나 정진만은 부처에 따라 다르나니라. 정진만을 말한다면 나를 따를 부처가 없느니라. 그리고 나의 법은 욕심이 적은 자의 행하는 법이며, 욕심이 많은 자가 행할 바의 법이 아니니라. 결코 나의 법은 부지런히 노력하는 자의 법이지 게으른 자의 법이 아님을 명심하여라 아나율아!"

아나율은 스승의 말 한마디 한마디 새겨들으며 새롭게 마음을 다하였다.

어느 날 붓다가 아나율의 손을 잡고 숲 속을 거닐며 말하셨다.

"아나율아, 그대는 행복을 추구하는가?"

"네, 세존이시여. 깨달음의 피안에 도달하는 행복을 추구합니다."

"아나율아, 나도 사람들과 같이 행복을 추구하고 있느니라."

둘이는 서로 얼굴을 마주보며 웃었다. 티끌보다 맑고 맑은 웃음이었다.

지극히 평범한 인간의 말씀을 하시는 붓다, 빙긋이 미소하며 마주보는 스승과 제자!

나는 붓다의 근본정신, 그리고 불교가 무엇인가를 깨닫는다.

죽이면서도 끝내는 살려내는 큰 자비 앞에 경배의 고개를 숙인다. 그리고 붓다의 품에 안기고 싶다. 붓다의 품에서 한바탕 춤추고 싶다.

# 거문고를 탈 때와 같이
# 수행하라

사밧티성의 한 장자의 아들이 정사를 찾아와 붓다에게 귀의하여 출가하였으나 끝내 깨달음을 얻지 못하고 번민하며 환속하려고 하였다. 이때에 붓다는 사문의 어지러운 마음을 투시하시고 사문에게 다가가 말씀하셨다.

"사문이여, 어찌하여 마음이 그렇게 어지러운 가운데 있는가?"

"네, 세존이시여! 아무리 공부를 하여도 깨달음이 없습니다. 저에게는 깨달음을 얻을 수 있는 지혜와 선근善根이 없는가 합니다. 그래서 차라리 집으로 돌아갈까 망설이고 있는 것입니다."

"사문이여, 너는 집에 있을 때 무엇을 가장 잘 했느냐?"

"네, 저는 거문고 타는 것에 소질이 있고 사람들로부터 잘 탄다는 말을 들었습니다."

"오, 그러한가?"

"그렇습니다."

"거문고를 탈 때 거문고의 줄이 지나치게 팽팽하게 죄어지면 좋은 소리가 나느냐?"

"아닙니다. 줄이 너무 팽팽하면 도리어 소리가 좋지 않습니다."

"그럼 반대로 거문고의 줄이 느슨하여 있으면 어떠하냐?"

"역시 좋은 소리가 나지 않습니다."

"사문이여, 수행하는 방법도 그와 같은 것이니라. 지나치게 긴장하여서도, 지나치게 급한 마음을 가져서도 안되느니라. 또한 너무 느슨한 마음을 가져서도 안되느니라. 알맞은 마음과 몸가짐을 가질 때 수행은 잘 이루어지느니라. 거문고를 타듯 정신을 집중하여 정진하여라."

붓다로부터 말을 들은 사문은 마음에 깨닫는 바가 있었다. 거문고를 탈 때는 마음의 안정과 무심한 상태일 때, 그리고 알맞은 줄을 당겨 타지 않으면 안되는 것을 그는 알았다.

'아, 그것이구나.' 하고 사문은 생각하였다. 사문은 서두르지 않고 마음을 안정하여 수행에 정진하였다. 조금씩 그의 눈은 밝아지고 마음은 어떤 것에도 구애를 받지 않게 되었다. 이윽고 사문은 깨달음을 얻어 피안의 언덕에 올랐다.

# 비사거
# 여인 이야기

사리불이 수닷타 장자의 초청을 받아 기원정사를 건립한 것처럼, 목련도 비사거부인의 초대를 받아서 동원정사를 건립하였다. 비사거부인은 앙가국 발제야성의 장자 단남사야의 딸로서 어릴 적부터 세존에게 감화를 입고 있었다. 그는 성인이 되어 사위성의 장자 녹자의 아들인 만증에게 시집갔다. 그녀의 독실한 믿음은 시집의 일가로 하여금 세존의 가르침을 믿고 귀의하게 만들었다.

특히 녹자의 경우에는 비사거의 인도에 의하여 부처님께 귀의하였으므로 녹자의 어머니라고도 불렸다. 이렇게 그녀는 세존의 교단을 외호하며 사람들을 교화하는 데 평생을 바쳤다.

그는 어느 날 부처님과 대중을 공양하기 위하여 집으로 청하였다. 모든 준비를 마친 뒤에 비사거는 하녀를 시켜 시간을 알리게

하였다. 이때에 검은 구름이 하늘을 덮더니 큰 비가 내렸다. 세
존은 대중에게 이 큰 비에 목욕을 하게 하였다.

아난의 전달을 받은 비구들은 거세게 쏟아지는 큰 비에 옷을 벗
고 때를 벗기며 목욕을 하였다. 비구들이 한창 빗속에서 목욕을
하고 있을 때 비사거의 하녀가 정사에 도착하였다. 비에 흠뻑 젖
은 채 문을 열고 안을 들여다본 하녀는 수많은 비구가 벌거벗은
채로 목욕하는 모습을 보자 기겁을 하고는 얼른 돌아가 비사거
에게 고하였다.

"비사거님, 기원정사에는 비구 스님이 한 분도 계시지 않고 나형
외도만 있을 뿐입니다."

바사거는 하녀의 자세한 말을 듣고 웃었다. 그녀는 다시 심부름
을 보내어 부처님과 대중을 초청하여 공양을 올린 뒤 부처님께
자신의 소망을 아뢰었다.


비올 때 입는 욕의浴衣을 보시하는 것

비구니에게 입는 욕의를 보시하는 것

멀리 운수의 길에 오르는 비구에게 음식을 보시하는 것

병든 비구에게 음식을 보시하는 것

간병하는 비구에게 음식을 보시하는 것

병든 비구에게 의약품을 보시하는 것

멀리서 온 비구에게 음식을 보시하는 것

건강을 위한 영양의 죽을 보시하는 것

이 모든 것은 당시 교단에는 없는 일이었다. 그리고 또한 없어서는 안되는 것들이었다. 비사거의 승단에 대한 결심을 발견하고 치유하려는 예리한 밝은 눈을 칭찬하신 세존은 그녀의 소원을 허락하시고 그녀를 위한 게송을 설하시었다.

"환희하여 승가에 보시하고 인색하고 질투하는 마음을 떠나 자비로 가득하니 그 보답은 천상에 나타나리라. 영원히 안온한 즐거움 얻으리라."

이렇게 세존의 교단을 열렬히 외호하는 비사거는 기원정사 내에서 비구와 비구니의 생활이 여러 가지로 불편하다는 것을 알고 여자의 손으로 대가람을 건립하기에 이르게 된다.

더구나 비구니는 한 방에 두 명씩 거처하게 되니 그들의 생활이 더욱 불편할 수밖에 없었다. 어느 날 비사거는 승만부인파사익왕의 딸을 찾아가 비구니를 위한 별도의 가람이 필요함을 말하고 적당한 토지를 팔도록 청하자 평소 세존의 가르침에 남다른 믿음을 지니고 있던 승만부인은 그의 아름다운 마음을 크게 기뻐하며 왕에게 청하여 땅을 얻어 가람을 짓게 되었다.

세존은 비사거의 청을 받아들여 목련을 대목수로 하여 비구니를 위한 500여 개의 방을 비롯한 대가람을 건립하니 이것이 동원정사로 비구니의 수행공간이 되었던 것이다.

# 영혼의
## 아름다운 눈물

### 상수제자 마하가섭 이야기

마하가섭은 두타행頭陀行 제일이라고 불린다.

두타란 의식주衣食住에 대한 집착의 마음을 떨쳐내려는 수행실천을 말하는 것이다. 두타의 실천 항목은 대체로 12가지로 분류되는데 그것을 12두타행이라고 한다.

① 마을과 떨어진 고요한 숲 속에 살며
② 언제나 탁발걸식에 의하여 살고
③ 걸식을 하는 데 집의 빈부를 가리지 아니하며
④ 하루 한 끼의 식사만 하며
⑤ 많은 양을 먹지 않도록 소식을 하며
⑥ 한 끼 이후에는 어떤 음식도 먹지 않으며
⑦ 옷은 반드시 분소의헌옷를 입으며
⑧ 세 벌 이상의 옷은 갖지 못하며

⑨ 나무 아래에 살며 정좌하고

⑩ 무덤 같은 척박한 곳에서 살며

⑪ 한곳에서만 살아가고

⑫ 언제나 앉아 있고 눕지 않는다

마하가섭은 이와 같은 두타 수행을 하였는데 이것은 모든 욕망을 버린 금욕의 성자상이요, 청빈한 생활인 것이다. 붓다의 제자들 가운데 마하가섭이 뛰어난 것은 소요지족하며 오로지 수도修道에 전념하였다는 사실이다.

그는 사리불과 목련에 비하여 조금도 손색없는 수행과 덕망 지혜를 겸비하여 충분히 제자들을 가르치고 이끌 수 있는 자격을 갖추고 있었지만 스스로 도를 즐길 뿐 설법교화를 일과로 하지는 않았다.

항상 비구의 무리들 속에서 붓다의 설법 듣기를 즐겨하고 엄격하고 규제된 생활 속에서 수도에만 정진하기를 좋아하였다. 세월이 흘러 마하가섭은 오랫동안 다른 나라에서 수도를 하고 있다가 붓다가 그리워, 해질 대로 해진 누더기를 입고 머리와 수염이 산발된 채 기원정사의 부처님께 돌아왔다. 정사에 있던 대중들은 볼썽사납게 변해버린 대가섭을 알아볼 수가 없어 모두가 천시하는 눈으로 바라보았다.

"초라하고 해질 대로 해진 냄새 나는 분소의를 입고 단정치 못한 저 늙은 비구가 누구란 말인가?" 하고, 대가섭을 모르는 대중들은 의문의 얼굴을 하고 있었다.

그때에 세존은 대중의 마음을 낱낱이 꿰뚫어 보시고서 말씀하시었다.

"가섭이여, 참 잘 왔구나, 미리 자리 반은 비워두었다. 어서 나의 곁으로 와서 앉아라." 대중들은 붓다의 말씀을 듣는 순간 경악을 금치 못하였다.

그러나 대가섭은 천천히 걸어 나가 붓다께 절을 올린 뒤 합장하며, "세존이시여, 저는 여래의 말석末席 제자입니다. 세존의 옆에 앉는다는 것은 있을 수가 없습니다."

이때 붓다는 대중을 향하여 대가섭의 위력과 덕망 지혜가 얼마나 깊고 수승한가를 말씀하시었다.

"비구들이여, 너희가 수행하여 도를 얻고자 함에 있어서 대가섭의 행을 따르지 않으면 안된다. 가섭은 두타제일로 모든 수행에 있어 너희들의 모범이니라."고 하셨다.

어느 날 붓다는 대가섭에게 말했다.

"가섭이여, 그대도 이제 나이가 들었구려, 겹겹으로 기워진 분소의가 무거워 거동하는 데 불편하리라. 이제 두타행을 그만 두고 가벼운 새 옷을 입는 것이 좋으리라. 그리고 몸을 쉬면서 피로를 풀고 알맞게 수행함이 좋으리라."

"세존이시여, 항상 세심하게 보살펴주셔서 감사하옵니다. 그러나 저는 두타행을 하는 것이 편하고 즐겁습니다. 떨어진 누더기를 입어도, 하루 한 끼를 먹어도, 무덤 같은 척박한 곳에서 잠자고 지내도 조금의 부족함이 없습니다. 저는 도를 닦아 탐욕을 줄이고, 홀로 조용히 삼매에 들며 적정의 도를 즐기는 것이 큰 기쁨입니다. 세존이시여, 제가 두타행을 하는 것은 저의 즐거움도 있지만 또한 후세의 수행자에게도 도를 닦는 참모습과 수도의 즐거움을 알리고 싶기 때문입니다."

"가섭이여, 그대는 후세 수행하려는 모든 사람의 등불이로다. 후세의 수행자들이 가섭으로 인하여 크나큰 안락을 얻으리라."
붓다는 조용히 미소하며 대단히 기뻐하였다.

가섭은 세간의 집에서 출가할 때 부인 묘현과 훌륭한 스승을 만나면 서로 알려 수행키로 약속하고 헤어졌다. 그러나 아무리 기다려도 반가운 소식이 없자 부인 묘현은 스승을 찾아다니다가 자이나교나형외도의 제자가 되었다.
세존께 귀의하여 깨달음을 얻은 대가섭은 세존의 부왕인 정반왕이 입멸하자 붓다를 따라 가비라성으로 가서 그곳에서 부왕의 임종을 지켜본 뒤 다시 기원정사로 돌아왔다. 그때에 많은 석가족 여인들도 출가의 허락을 받아 마침내 비구니 교단이 이루어지게 된다.

기원정사로 돌아온 가섭은 아내 묘현과의 약속을 기억하였다. 지금까지는 여인의 출가가 불가능했지만 이제 비구니가 출현하게 되었다. 오랜 세월이 흘렀는데 그녀는 지금 무엇을 하고 있을까 궁금하여 고요히 선정에 들어 묘현을 투시하였다.

나형외도의 제자가 되어 수행하고 있는 묘현을 마침내 찾을 수가 있었다. 그리고는 약속을 지킬 시기가 도래하였다고 기뻐하며 비구니 한 사람을 보내어 묘현을 데려오게 하였다. 기원정사에 도착한 묘현은 곧바로 세존께 인도되어 붓다의 설법 속에서 사막에서 지친 나그네가 물을 마시듯 몸과 마음이 청정해지는 희열을 느끼고 마침내 득도하여 마하파자파티 비구니 아래서 도를 닦게 되었다.


그는 남편인 가섭처럼 홀로 있으면서 모든 더러움을 여의고 탐욕을 멀리 하며 일심으로 진리의 세계로 나아갔다. 묘현의 수행은 깊어만 갔다.

"나 이제 생사의 속박은 깨어졌네. 볼 수 있는 세계를 다 보았네. 해야 할 일을 나 이제 모두 마치네."

그는 깨달음을 얻어 아라한이 되었다.

붓다는 "비구니 중에서 숙명을 아는 사람으로 묘현 비구니보다 뛰어난 자가 없다."하고 찬탄하셨다.


그러나 묘현에게도 어려움이 없는 것은 아니었다. 그것은 다름 아닌 너무도 아름다운 미모 때문이었다. 묘현이 걸식을 나가면

시내의 사내들이 다 모여 그를 둘러싸고 아귀다툼이 벌어지는 것이 다반사였다. 묘현도 그것을 부끄럽게 생각하고 결국은 걸식하는 것을 포기하고 그만두었다. 그것을 불쌍히 여긴 가섭은 부처님께 허락을 받아 자신이 얻은 음식을 반으로 나누어 묘현에게 주었다. 음식을 나누는 광경을 본 대중들 속에서 질투로 온갖 험담이 들려왔다.

"저 두 사람은 세간에서 부부로 있을 때 함께 잠들지 않았다지만 대체 저런 꼴은 무엇이란 말인가? 하루 이틀도 아닌 매일매일 음식을 나누며 사사로운 정을 나누고 있지 않은가?"

마하가섭은 비방의 소리가 들리자 그것을 그만두었다. 소문을 들은 붓다는 가섭에게 살포시 미소로 다가왔다.

"가섭이여, 그대의 청정함을 내가 보고 있지 않은가? 어리석은 무리의 말에 너무 신경쓰지 않음이 좋으리라."

"감사하옵니다. 그러나 멈추어야 할 것 같습니다."

마하가섭은 묘현에게 조용히 말하였다.

"그대는 이제 선지식으로 깨달음을 얻었소. 이제 그 어떤 일도 스스로 해결하오. 붓다의 경계에서 걸식하고 몸을 돌보면 가슴에 맺히는 일은 일어나지 않을 것이오."

그로부터 묘현은 그의 몸과 얼굴을 인두로 지져 흉하게 만들고 일부러 더럽게 꾸미고 걸식을 다녔다. 자신의 얼굴을 사람들에게 보이지 않았고, 마하가섭은 묘현을 떠나 두 번 다시 돌아오지 않았다.

# 인욕의
# 거룩한 평화

장생동자 이야기

붓다가 카우샤암비이라는 마을에 있을 때였다. 그곳에 꽤나 까다로운 싸움이 있었는데 붓다가 와 있다는 소문을 들은 사람들은 붓다에게 와서 누구의 잘못인지를 가려 달라고 하였다. 그리하여 붓다는 싸움이 있는 곳에 도착하여 이렇게 설하였다.

"그대들은 싸워서는 안되오. 싸움으로 싸움을 없애려고 한다면 싸움은 결코 그치지 않을 것이오, 오직 인욕만이 그대들의 싸움을 그칠 수가 있는 것이오. 인욕을 하는 것만이 그대들을 안락케할 것이오. 나의 이야기를 귀담아 들어보시오.

옛날 코살라에 장수라는 왕이 살고 있었소. 그리고 코살라 옆에는 브라흐마닷타왕이 다스리는 가시국이 있었소. 어느 날 가시국 왕은 군사를 거느리고 코살라를 쳐들어 왔소이다. 그리하여 장수왕은 대군을 이끌고 맞서 싸워 가시국의 군사를 물리치고 브라흐마닷타왕을 사로잡게 되었소. 그러나 장수왕은 가시국 왕을 죽이지 않았소. '너의 생사는 나의 손 안에 있다. 그러나 너를 용서하여 줄 테니 다시는 군사를 일으켜 싸움을 걸어서는 안 되리라.' 브라흐마닷타왕은 살려준 은혜에 감사하고, 가시국으로 돌았갔다. 그러나 싸움에 진 분을 이기지 못하고 다시 대군을 일으켜 코살라를 침공하였소. 그때에 장수왕은 말하였소.

'나는 이미 그를 이긴 적이 있다. 또 이기는 것은 어렵지 않다. 그러나 싸움은 사람을 많이 죽일 뿐만 아니라 모든 것에 악이 되는 것이다. 내가 이기면 그도 나를 이기려 할 것이며 내가 해를 입히면 그도 나에게 해를 입히려 할 것이다. 그가 바라는 것은 이 나라의 국토이다. 국토로 인하여 우리의 백성이 죽임을 당하는 것은 결코 있을 수 있는 일이 아니다. 차라리 나는 백성을 살리고 나라를 비워주리라.' 하고 브라흐마닷타왕에게 나라를 주고 장수왕은 가족을 데리고 깊은 숲 속에 들어가 살았소. 평복으로 옷을 갈아입고 이름을 고치고 음악과 학문에 전념하며 사람들을 즐겁게 하고 조용히 살고 있었소. 그러는 사이에 부인은 아들을 낳아 이름을 장생동자라고 불렀소. 장생동자는 매우 총명하였고 자라면서 재주가 뛰어났소.

한편 브라흐마닷타왕은 장수왕이 이름을 고치고 숨어 살고 있다는 소문을 듣고 장수왕을 잡아들이도록 명하였고 마침내 장수왕은 붙잡히게 되었던 것이오. 사람들은 장수왕이 체포된 것을 몹시 슬퍼하였고, 장생동자는 거지 복장으로 꾸미고 사형장으로 아버지를 보러갔소, 장수왕은 거지 차림을 한 아들을 보자 하늘을 쳐다보며 말하였소.

'참아라. 인내함이 효도이니라. 원한의 인과를 빚어서는 안된다. 오직 자비만을 행하여라. 악한 뜻을 품고 원한을 쌓아 재앙을 만대에 전하는 것은 효자가 할 일이 아니니라. 제불諸佛의 자비는 하늘과 땅을 가득 안고 있느니라. 나는 그 길을 찾아 몸을 바쳐 중생을 구하여도 더욱 효도할 수 없음을 두려워하느니라. 원한을 품고 원수를 갚는 것은 내가 엄히 금하는 바니라. 나의 이 말을 버리지 않음이 효를 행하는 나의 아들이니라.'

장생동자는 아버지의 말을 듣고 아버지의 자비심에 탄복하였소. 그리고 아버지의 죽음을 볼 수가 없어 그대로 숲으로 들어가 버렸소. 성중의 사람들이 장수왕을 동정하여 살려 줄 것을 청원하였지만 브라흐마닷타왕은 장수왕의 덕망이 높은 것을 듣고 두려워하며 화근의 뿌리를 뽑아버린다는 이유로 장수왕을 사형에 처하였소. 장생동자는 날이 어두워지자 숲에서 나와 아버지의 시체를 거두어 화장을 한 다음 제사를 지내고 자취를 감춰버리고 말았소.

브라흐마닷타왕은 장생동자의 복수에 찬 얼굴이 떠오를 때면 두려움과 불안으로 가득하여 편한 잠을 이룰 수가 없었소. 왕은 동자를 잡아들이도록 명하였으나 아무리 찾아도 장생은 발견되지 않았소. 그러나 장생은 모든 것을 위장하고 성 안에 살고 있었소. 그는 기악에 재주가 뛰어났고 그의 음악은 귀족과 궁중 사람들의 사랑을 받고 있었소. 이윽고 왕의 눈에 들어 장생은 왕의 시종이 되었소. 장생을 신임한 왕은 그를 옆에다 두고 칼을 주며 호위케 하였던 것이오. 사냥을 나간 어느 날 왕은 깊은 숲 속까지 혼자 들어가 길을 잃고 헤매게 되었소. 신하들과 멀리 떨어진 왕의 옆에는 오직 장생뿐이었소. 피로한 왕은 장생의 무릎을 베고 잠이 들어 있었소.

때에 장생은 생각하였소. '이 왕은 인정도 없는 무도한 왕이다. 나의 아버지를 죽이고, 아버지의 나라를 빼앗은 왕이다. 지금 이 칼을 빼어 복수를 해야지' 하고 장생은 칼을 뽑아 왕을 찌르려 하였소. 순간 아버지의 유훈이 생각나 그는 칼을 내려 칼집에 꽂았소. 그때 왕은 꿈에 놀라 눈을 뜨면서 말했소.
'아 ! 참으로 놀랐다. 방금 장생이 와서 원수를 갚겠다고 칼로 나의 목을 치려 하지 않느냐!' 장생은 왕의 두려워하는 모습을 보고 말하였소.
'대왕이여, 이제 두려워할 필요가 없습니다. 놀라실 필요도 없습니다. 제가 바로 장생입니다. 실제로 저는 원수를 갚고자 칼을 뽑았습니다. 그러나 아버지의 유훈 때문에 칼을 거두었습니다.'

'너의 아버지가 무엇이라고 유훈을 하셨느냐?'

'참아야 한다. 인욕만이 효도이니라. 원한의 인과를 맺어서는 안된다. 독을 품으면 재앙이 만대에 이어 그칠 날이 없으리라.'고 하셨습니다.

브라흐마닷타왕은 스스로 부끄러움을 느끼게 되었소.

'나는 성인을 죽였도다. 마땅히 죽어야 하리라.'

그리하여 왕은 나라 전체를 장생에게 주려고 하였소. 그러나 장생동자는 이렇게 말했소.

'대왕의 본국은 원래 대왕의 나라입니다. 그러므로 저에게는 부왕의 나라만을 돌려주시면 좋겠습니다.'

왕은 장생과 나란히 돌아갔다. 그리고 신하들에게 물었다.

'만약 너희가 장생동자를 만난다면 어떻게 하겠는가?'

'그 손과 발을 잘라버리겠습니다.'

'그 목숨을 끊어버리겠습니다.' 하고 신하들은 입을 모았다.

왕은 장생을 가리키며 조용히 말하였소.

'장생동자는 바로 이분이오.'

그리고 사냥터에서 있었던 일을 소상하게 이야기하였다. 왕의 목숨을 살려준 이야기를 듣자 모든 사람들은 감동하였소.

'이후로 나는 악을 행하지 않을 것을 제불諸佛에 천명하오. 여러분도 그러리라 믿으오. 나는 코살라를 장생에게 돌려주려 하오. 이제 장생은 코살라의 왕인 것이오.' 하고 브라흐마닷타왕은 말하였소.

장생은 나라를 찾아 왕위에 올라 옥좌에 앉게 되고 브라흐마닷타왕의 딸과 결혼하였던 것이라오."

붓다는 이야기를 마치고 법을 설하시었다.
"사람들이여 그 국왕은 이처럼 인욕하였으며 스스로 자비심을
행하고 은혜를 베풀었느니라. 그대들도 그와 같이 하지 않으면
싸움은 그치지 않을 것이오. 진실로 믿고, 집착을 버리고, 욕심
없이 도를 배우는 사람은 마땅히 인욕을 행하여야 하오. 자비심
을 갖고 자비로서 타인을 바라보고 타인에게 보시를 행하면 싸
움은 결코 일어나지 않을 것이오."

그때 무리 가운데서 한 사람이 뛰어나와 말하였다.
"세존이여, 그러나 저 사람이 싸움을 걸어오는데 나만 잠자코 있
을 수만은 없는 것 아닙니까?
"나라의 존망을 걸고 신명을 바치는 싸움에도 장수왕은 능히 화
해하였거늘 너희는 언쟁을 그치고 어찌하여 화합할 수 없느뇨."

붓다는 자리에서 일어나 법의 노래를 불렀다.

"싸움으로 싸움을 그치려고 하여 보라.
싸움은 그칠 날이 없으리라.
오직 참는 자에게 싸움이 그치는 것,
이 가르침만이 실로 높아 참으로 이 법을 알면
어찌 원심이 맺어지리.

평등한 진리에 벗하지 못하고
함께 배우려 하지 않는다면
들에 있는 코끼리같이 되리라.
무소의 뿔처럼 홀로 뜻을 굳게 가지고
선을 행함이 현명하리니
악과 더불어 사는 일이 없게 하여라."

세존의 말씀에 사람들은 싸움을 그치고 화해 속에서 서로의 손
을 맞잡고 부처님께 세 번 절하고 귀의하였다.

# 마음의 창고는
# 무너지지 않는다

부처님께서 기원정사에 계실 때 한 젊은이가 찾아와서 여쭈었다.
"어떤 것이 불로도 태울 수가 없으며, 세찬 바람에도 날아가지
않으며, 홍수가 세상을 휩쓴다 하여도 떠내려가지 않은 것입니
까? 도적이 재물을 빼앗을 때라도 어떤 것이 빼앗기지 않으며,
어떤 창고에 간직하여야 끝내 허물어지지 않는 것입니까?"

부처님께서 게송으로 말씀하시었다.

"복은 뜨거운 불이 태우지 못 하나니, 아무리 세찬 바람에도 날
아가지 않으리라. 홍수가 세상을 모두 휩쓴다 하여도 복은 떠내
려가지 않으며 도적이 재물을 빼앗을 때도 사람이 지은 복만은
훔쳐가지 못하리라. 마음으로 베풀어 쌓은 마음의 창고는 끝내
무너지지 않는 공덕의 창고 되리라."

# 누구에게나 오는 늙음

옛날 아라나국에는 좋지 못한 악법이 있었는데, 그것은 아버지가 나이 60세가 되면 깔개에 앉혀 대문을 지키게 하는 것이었다. 그 당시 의좋은 두 형제가 있었는데 그의 아버지가 60이 넘게 되었다.

어느 날 형이 아우에게 깔개 하나를 내밀며 말했다.

"너는 이 깔개를 아버지께 드리고 문을 지키게 하여라."

이 집에는 깔개가 하나밖에 없었다. 아우는 그 깔개를 받더니 반으로 나누어 반쪽은 장롱 속에 넣고 반쪽만 아버지에게 주면서 말했다.

"이것은 제가 드리는 것이 아니고 형님이 주면서 이제부터 아버지는 이 깔개에 앉아 문을 지키게 하라 하였습니다."

아버지가 깔고 앉은 깔개가 반쪽인 것을 보고 형이 아우에게 말했다.

"왜 깔개를 반으로 잘라 드렸느냐?"

"우리 집에는 깔개가 하나밖에 없으므로 반쪽은 훗날에 쓰려고 장롱 속에 보관하였습니다."

"훗날에 누구한테 쓰려고 그러느냐?"

"잘 보관하여 두었다가 형님께 드리려고 합니다."

"나한테 주려고?"

"예, 형님도 언젠가는 늙어 문지기를 할 것이니 그때 형님의 아들이 이 깔개를 드릴 것입니다."


형은 이 말을 듣다 사색이 된 듯하였다.

"아! 나도 앞으로 그렇게 된다는 말인가?"

아우는 조용히 형의 말을 받았다.

"누가 있어서 형님을 대신하여 늙어줄 사람이 있겠습니까?"

그리고 이어서 말했다.

"이런 악법은 다 같이 버리도록 노력하는 것이 좋겠습니다."


두 형제는 손을 맞잡고 나라의 정승을 찾아갔다.

형제는 정승에게 이런 악순환이 계속되는 악법은 하루속히 없애야 한다고 하소연하였다.

그러자 정승도 깊이 공감하였다.

"자네들의 말이 옳다. 우리도 머지않아 늙은이가 될 것이다. 늙는 것은 막을 수가 없을 것이다."

정승이 국왕에게 건의를 하니 국왕도 옳다고 여겨 전국에 방을 붙여 지금까지의 악법을 폐지하고 앞으로는 평생토록 부모를 공경·봉양해야 한다는 포고령을 내렸다.

요즈음 우리 사회는 신랑감으로 장남이 선호되고 있다고 한다. 수년 전까지만 하여도 장남이 부모를 모셔야 한다는 관습 때문에 장남은 결혼 기피 대상이었다. 참으로 부끄러운 일이 아닐 수가 없다.
그런데 요즈음은 일등 신랑감이라고 한다. 그 이유를 보면 더욱 부끄러워진다. 맞벌이 부부의 증가로 파생된 또 다른 악습이다. 그것은 시부모가 집을 지켜주는 사람, 아이를 돌봐주는 사람, 자신을 뒷바라지 해주는 사람으로 여긴다는 계산에서라는 것이다.

옛날에는 늙고 병이 들면 산 채로 버리는 고려장이 있었다. 옛적의 고려장이 육신을 버리는 일이라면 부모에 대한 공경을 내팽개치는 불효는 오늘의 고려장이 아니고 무엇이겠는가.
우리는 누구에게나 오는 늙음을 피할 수 없음을 알아야 하고 내가 부모에게 행동한 것처럼 나의 자식들도 똑같이 행동한다는 것을 명심해야 한다.

# 나도 마음의 밭을 간다

붓다께서 다키나기리Dakkhi,agiri 지역의 에카나라Ekanala 촌에
계실 때였다.

바라드바쟈라는 바라문이 농사를 짓고 있었는데 어느 날 걸식
을 나온 붓다와 만나게 되었다.
걸식을 나서다가 음식을 나누어 주는 모습을 본 붓다는 가까이
다가와 한쪽에 줄을 섰다. 음식을 나누어주던 바라문이 탁발하
려고 기다리던 붓다를 보았다. 그는 붓다가 못마땅하였다. 그의
눈에는 붓다가 한낱 게으름뱅이일 뿐이었다.

그는 붓다에게 다가와서 퉁명스럽게 말하였다.
"사문이여, 나는 지금 밭을 갈고 씨를 뿌려 그것을 먹고 사오. 그
대도 밭을 갈고 씨를 뿌려 살아가야 하지 않겠소?"

바라문의 말투에는 거드름이 가득하였다.

"나도 밭을 갈고 있소. 그리고 씨를 뿌리며 그런 뒤에 밥을 먹고 있소."

붓다는 당당하게 말하였다.

"난 그대 사문의 멍에도, 쟁기도, 쟁기 날도, 몰이 막대도, 황소도 보지 못 했소. 당신은 그렇게 말하지만 밭을 갈고 씨앗 뿌리는 것을 나는 본 적이 없소."

바라문은 비웃듯이 말하였다.


붓다는 바라문을 향하여 조용하지만 엄숙하게 말하였다.

"믿음은 씨앗이요, 애써 수행함은 단비이며, 지혜는 나의 쟁기와 멍에이며, 부끄러움은 쟁기 자루요, 바른 생각은 나의 쟁기 날이며, 몸이 막대요.

몸가짐을 바로 하고 말을 삼가고 알맞은 양으로 음식을 절제하며 진실함으로 잡초를 제거하는 낫을 삼고 온후함으로 멍에를 내려놓습니다.

정진으로 황폐한 밭을 없애고 평안한 마음으로 밭을 갈고 있는 황소가 되나니, 앞으로 나아가 괴로움이 없는 열반에 도달하여 두 번 다시 돌아오지 않습니다.

이같이 밭을 갈아 씨 뿌려서 감로의 열매를 거두나니 이같이 밭 갈이 하는 사람은 윤회의 몸을 받지 않으리라.

고통의 세계에 두 번 다시 돌아오지 않으리라."

이슬비처럼 노래는 바라문의 가슴을 적셨다. 게으르고 볼품없는 사문으로만 알았는데 그의 말씀은 무척이나 감미롭고 그윽하게 바라문의 마음을 움직이고 있었다.

그는 청동그릇에 우유죽을 내밀며 말했다.

"사문이여, 당신도 밭을 가는 사람입니다. 당신 말대로 불사의 밭을 가는 사람입니다. 부디 부끄러운 저의 우유죽을 기쁘게 받아주소서."

# 붓다의 마음을
## 품고

인간의 모든 양식은 낮은 땅에서 이루어지며
높은 곳에서는 이루어지지 않는다
낮고 깊은 곳에서 생명의 젖줄은 솟아오른다

꿈 희망 성취도 낮은 땅을 벗 삼고,
고귀한 생명력, 인간의 사실주의가
낮은 땅이 아니면 이루어지지 않는다

탄생의 환희와 행복도, 그 어떤 장엄세계도
낮은 곳, 낮은 땅에서 이루어진다
내가 낮은 땅을 참 좋아함이 여기에 있다

# 나는 이렇게
# 출가하였다

불교와 어떤 전생의 인연이 있어 오늘의 나를 있게 하는 것일까.
나는 가끔씩 나의 출가 인연에 대한 상념에 잠기곤 합니다.
할머니의 이야기는 귓전에 아직도 생생하게 살아 있습니다.

내가 태어난 지 얼마 안되어 6·25가 터지고 인민군을 피해 피
난한 동네 사람들은 금광굴이 있는 산속으로 피신하였답니다.
숨죽이고 피신한 동굴 속에서 어린 나는 엄청나게 우는 울보였
답니다. 사람들은 공포의 불안에 떨며 다른 곳으로 피난처를 찾
아 옮겨갔습니다. 그들은 자신들을 따라오려는 할머니에게 "자
식은 또 낳으면 되니 그냥 동굴 속에 놓고 오라."고 했답니다. 인
민군의 수색에 두려움을 느낀 할머니도 어쩔 수 없이 우는 아기
를 포대기에 둘둘 말아 굴속에 남기고 떠날 수밖에 없었답니다.

하지만 도저히 이럴 수 없다고 자책하던 할머니는 이틀 지난 후 관세음보살을 부르며 사력을 다해 동굴로 달려갔습니다. 혹 죽은 아기의 시체라도 가져 가려고 말입니다. 그런데 웬일일까요? 아기는 엄동설한의 추위에도 불구하고 포대기 속에서 소곤소곤 잠들어 있더랍니다. 어린 생명을 살려 준 것이 관세음보살의 가피였을까? 그렇게 나는 할머니의 손에서 다시 살아난 것입니다.

우리 집은 그리 가난한 가정이 아니었습니다. 당시 모든 사람들이 겪던 가난한 보릿고개에도 할머니는 다시 살아난 장손을 누구보다 귀여워하며 하얀 쌀밥을 챙겨 주었습니다. 이렇게 귀여움을 받고 자란 저에게 불교에 대한 생각이나 종교에 대한 깊은 감상이 있을 리 있었겠는가? 시골 부자라는 집안의 소년은 평범한 동네 철부지 아이였을 뿐입니다. 생각해 보면 나의 출가는 인생의 고민에 대한 사무침도 아니요, 더욱이 종교적인 열망이나 기도는 아니었습니다.

나의 출가에는 어머니의 애절한 상처의 아픔이 큰 영향을 끼쳤습니다. 어린 시절 나는 어머니의 손에 이끌려 무슨 뜻인지도 모르고 동네 어귀의 무당집에 모셔져 있는 부처님께 가끔씩 어머니를 따라 절을 하곤 했었습니다. 어머니는 작은 체구에 소담한 모습의 인정 넘치는 집 마당의 살구꽃 같은 여인이었습니다. 명절이면 동네와 이웃 마을까지 찾아 가난한 이웃에게 쌀말이라도 나누어 주는 선한 관세음보살 같은 어머니를 기억합니다.

동굴 속에 자식을 버린 미안함으로 나에 대한 사랑이 누구의 어머니보다 지극했던 어머니, 그러나 그런 어머니는 웃는 날보다 우는 날이 많았고 우울증까지 앓고 있었습니다.

성미가 급하고 자존심이 강한 가부장적 아버지의 기대에 부응하지 못하는 아들을 대신하여 화는 언제나 어머니가 짊어졌습니다. 아버지는 급한 성격의 소유자로서 남의 이목과 체면을 중시하는 분이셨습니다. 당시 풍습으로 비춰볼 때 많은 아버지들의 모습이기도 했습니다.

아들에 대한 기대가 컸던 아버지는 내가 조금만 잘못하거나, 동네 아이들과 노는 데 빠져 있으면 '자식을 어떻게 키웠기에 저모양이냐.'고 하며 밤새도록 어머니를 힘들게 하였습니다. 내가 잘못한 모든 것은 어머니의 책임으로 돌아가고, 항상 어머니는 아버지 앞에서 고개 숙인 죄인 같은 여인이었습니다.

그러던 어느 날 나는 아버지의 기대에 부응하지 못하는 일을 하게 되었고 아버지의 분노는 하늘을 찌를 듯했습니다. 아버지의 난폭함이 시작되자 나는 '이곳은 악마가 사는 곳이다. 사람이 사는 곳이 아니야.'라고 저항하며 무서움에 떠는 어머니를 감싸 안았습니다.

그리고 몇 날이 지났습니다. 어머니는 나에게 몇 푼의 돈을 쥐어주며 "더 이상 안되겠구나. 집을 나가거라. 어딜 가든 이보다는 좋을 거다. 서울의 큰집에라도 가거라." 하며 나의 등을 떠밀었습니다.

이렇게 16살 소년은 거리의 가출 소년이 되었고, 걷고 또 걸어 서울의 친척을 찾았지만 그곳도 군식구가 넉넉하게 머물 형편 은 아니었습니다.

그렇게 1년여 동안을 방황하던 나는 처음으로 자신에 대한 존재 를 묻기 시작했습니다. '너는 누구이며, 어떤 존재이냐? 지금 왜 이렇게 되었느냐?' 눈물이 범벅되어 묻고 또 물었습니다. 그러나 어린 나이에 아무런 대답도 들을 수가 없었습니다.

더 이상 보이지 않는 길을 나아갈 수 없다고 여겼을 때 나의 발 걸음은 어느 날 도봉산에 멈추었습니다. 여린 감정에 치우쳐 생 의 마침표를 찍고 싶었던 나의 등을 이곳으로 떠밀었던 건 어머 니의 인도였을까? 관음보살의 인도였을까? 부처님과의 전생 인 연이 무르익은 것이었을까? 이것이 운명의 갈림길이 될 줄은 상 상도 하지 못했습니다.

바로 그때 나는 산을 올라오던 노스님을 만났습니다. 그분은 천 축사 암자인 관음암의 노스님이었습니다.

"아니, 한창 어린 나이에 몹쓸 짓을 하면 되나? 그것처럼 큰 죄 가 없느니라."

노스님은 나를 물고기 낚아채듯 관음암으로 데리고 갔습니다. 밤이 깊도록 스님의 따뜻한 꾸중과 인도는 나의 새로운 인생의 시작이 되었습니다.

노스님의 인도로 나의 발걸음이 멈춘 곳은 1300년의 수령을 자랑하는 용문산 용문사의 은행나무 아래였습니다. 신라 국운의 쇠멸을 슬퍼하며 금강산으로 향하던 마의태자가 꽂아 놓은 지팡이가 살아났다는 은행나무 밑에서 16살 소년의 방황의 길은 멈추었습니다.

어머니 얼굴 같은 늦가을 은행잎이 바람에 흩날리던 1965년 10월 27일. 퉁퉁 부은 손발을 씻고 들어간 초겨울 행자의 방은 그리운 어머니의 품속이었습니다. 어머니를 품고 한참이나 울었습니다. 그러나 어머니는 웃고 있었습니다. 안온함을 보이신 어머니는 나를 안고 미소를 짓더니 금세 사라졌습니다. 꿈이었습니다.

그날부터 나는 나물 캐고, 고사리 꺾고, 취나물 뜯고, 나무를 하고, 밥을 짓고, 법당에 예불 올리며 행자생활에 젖어 갔습니다. 스님이 알려주시는 부처님의 가르침을 공부하며, 염불을 배우며 불안했던 마음도 조금씩 사라져 갔고, 특히 14일 동안의 용맹정진은 코피를 쏟아내는 고통도 있었지만, 오늘의 나를 있게 한 동력이 아니었나 생각합니다.
희유의 신비를 체험하기도 하였고 초파일 축제의 오색등을 만들면서 나의 믿음은 점점 싹을 틔우기 시작했습니다. 이 모든 것이 어머니가 주신 선물이라고 생각하며 힘은 들어도 인욕하며 정진하였습니다. 천수경도 반야심경도 외웠습니다. 도량석도 제법 하였습니다.

그렇게 얼마 동안의 달이 옮겨 수개월이 흐른 뒤, 외출에서 돌아오신 주지스님의 부름을 받았습니다.
"송행자, 이제 무명초를 버릴 때가 된 것 같은데? 무명초는 달고 있으면 달고 있을수록 유혹도 많고, 무거워서 힘이 드는 거야. 이제 때가 된 것 같은데…"

법당 앞의 댓돌 위에서 주지스님께 조용히 손을 모으고 합장하였습니다.
"스님, 저의 무거운 무명초…. 스님께서 버리게 해주세요."
날카로운 삭두날이 사정없이 나의 머리를 오르내렸습니다. 한올 한올 무명초는 떨어졌습니다. 굵은 눈물방울도 함께 떨어졌습니다. 무명바지와 저고리로 갈아입었습니다. 모든 방황의 날개를 접은 까까머리 17살 소년은 더 이상 소년이 아니었습니다.

비로소 아버지의 얼굴이 선명하게 떠올랐습니다. 나도 모르게 감사의 절을 마음속으로 올렸습니다. '아버지! 감사합니다.' 자식의 출가를 위하여 아버지는 그렇게 계셨음을 알았습니다. 저로 하여금 부처님을 품는 오늘이 아버지의 인도였음을 이제야 깨달았음을 참회하며 지난 잘못을 빕니다. '나의 아버지! 정말 고맙습니다.'

그로부터 몇 날이 지나고 어머니의 눈물 어린 편지를 받았습니다. 소리 없는 눈물로 한 자 한 자 읽어 내렸습니다.

"용아! 너는 나의 둘도 없는 자식이다. 허나, 나의 인연은 아닌 것 같다. 나는 참 좋다. 나의 업이요, 너의 업이라고 생각하니 웃을 수가 있을 것 같구나. 운명이라 받아들이고, 후회는 털어 버려라. 부처님을 의지해 그 길을 가는 것도 좋으리라. 부처님의 품은 따뜻할 거야. 그 품을 떠나지 마라. 네가 가는 길을 사랑하고 사랑하여라. 사는 날까지 부처님과 함께하기를 어머니는 기도하련다. 마지막으로 자식을 불러 보고 싶다. 내 아들 용아, 사랑한다. 네 길을 깊이깊이 사랑하고 사랑하여라, 어머니도 사는 날까지 네 곁에 있으리라."

나는 어머니의 단호한 사랑과 눈물의 입김 앞에 '네, 그렇게 살겠습니다.' 하고 마음의 약속을 바치면서, 그렇게 속진의 경계를 넘었습니다.
어머니는 지금까지도 나의 수행의 동반자요, 벗이며, 친구입니다. 한없는 그리움의 모두이며, 관음보살 같은 나의 연인이요, 사랑입니다.

이렇게 해서 17세 소년은 어머니의 아픔을 거름 삼아 구도의 수련생이 되었습니다.

새롭게 태어난 나의 하늘에

새롭게 태어난 나의 인생에

초승달만 구름 사이로 웃고

바람 사이로 나뭇잎이

울음의 포효를 하고 있었습니다

나의 출가를 어떤 명리에도 부가하지 말아야지

철저한 버림을 통한 나의 존재를 알아가야지

새롭게 태어난 나에게

고통이 나를 삼킬지라도

인욕으로 사랑하며 믿음이 깊이 있게

축복보다 외로운 정진이 나를 깨우고

님의 숨결을 내가 이제 깨달아 알게 하소서

이제 님은 나의 길이요, 나의 생명이나니

내밀하게 타오르는 나의 열정 모두 태워 님께 바치게 하소서

빛을 잃어버린 내 마음의 등촉 심지에

황홀한 불을 밝혀 주소서

내 지친 발걸음 내버려 두지 마시고 님의 문에 들게 하소서

내가 이제 님의 믿음 깊이 알게 하소서

님의 숨결로 있게 하소서

내 영혼이 있는 날까지 님의 씨앗으로 살게 하소서


지금 나는 부처님을 향한 열정의 기도를 드립니다

지금 나는 어머님을 향한 열정의 기도를 드립니다

# 나의 대중불교 포교운동은

포교 단상

"혼자서 가라. 둘이서 가지 마라. 거짓을 말하지 마라. 진리를 위하여 말하라. 세간의 이익을 위하여 가거라."
이것이 붓다의 전도선언이요. 오늘의 전법포교이다.

포교는 수행과 더불어 수행자의 무한사명이기에 새삼 거론한다는 것이 무슨 의미가 있으리. 나는 포교라는 당연한 길을 걸으면서도 어느 때부터인지도 모르게 "못 견디게 괴로워도 울지 못하고 불어라 열풍아 밤이 새도록…"이라는 콧노래를 부르곤 하였다. 그것은 포교가 얼마나 어려운 것인가를 반증하는 것이기도 하였다.

나의 대중불교, 생활불교라는 포교운동의 첫걸음은 이렇게 시작되었다.

1980년 10월 27일 새벽녘, 정권 탈취자들의 불법성 야욕의 이목을 돌리기 위하여 부패라는 딱지를 가지고 전국의 법당을 유린하고 승가를 짓밟아 수치와 수모를 안겨 준 사건이 불교 마당에서 일어났다.

이 사건을 계기로 당시 불교는 이유를 불문하고 국민들의 차가운 시선과 눈총으로 어찌할 바를 모르고 희망이 없는 듯 깊은 한숨만 토해내며 진공상태 속에서 승가는 신음하며 울분만을 삼키고 있었으니, 이것을 우리는 비운의 10.27 법난이라고 부르고 있는 것이다.

나는 그때 일본의 명월사에 머물며 대정대학에서 수학하고 있었다. 어느 날 은사스님을 비롯한 교환 교수님, 유학생들과 TV에 비친 한국 불교의 참상을 보면서 모두는 경악하였고 분노에 떨었다.

우리 역사의 문화요, 국민의 신앙으로 뿌리내린 1700년 불교를 한국의 다양한 종교 사회에서 조선의 억불시대 마냥 불교만을 지목하여 정권야욕의 이목을 비껴가려는 전두환 정권의 치졸함에 분개하였다.

그러면서도 왜 불교만이 지목되어 그랬을까? 하는 분심의 토론도 하였다.

당시의 종단 상황의 안과 밖 그리고 승가는 어떤 모습이었던가? 이 지면을 통해서 종단의 치부를 말하고 싶지는 않다. 다만, 승가의 본분사를 잃어버린 과보의 자업자득이라는 일말의 생각은 지금도 지워지지 않는다.

나는 유린당한 불교의 역사 현장을 봐야겠다는 분노의 마음으로 일본에서 나와 현장을 둘러보았다. 불교종단은 그야말로 온기 없는 얼어붙은 동토였다. 사찰은 텅 비어 있었고, 종단을 움직이는 스님들은 한곳에 감금되어 있었다. 숨어 있는 비리의 스님들을 수색하는 군인들의 시퍼런 눈동자와 칼날은 불교의 모든 상황을 공포의 도가니로 몰아넣고 있었다.

더욱이 나를 힘들고 슬픔을 갖게 한 것은 부처님과 법과 승가를 외호할 힘의 원천이라는 1,000만 불교 신도 중 어느 한 사람도 승가를 비방하는 소리는 들려도 구명의 저항하는 소리는 찾아볼 수가 없었던 것이다.


이런저런 현실 불교에 자문자답하며 힘없는 나 혼자서 무엇을 할 수 있겠나 싶어 다시 학업을 위해 일본에 들어가려고 하니 조계종 승려에 대한 출국금지가 되어 있었다.

그때 실의에 빠진 나는 오히려 희망이 사라진 불교를 되살려야 한다는 신념이 영감으로 다가왔다. 부처님과 법 그리고 승가를 살리고 불교를 억압하는 불의에 저항하는 불자가 있어야만⋯. 이것만이 미래 불교의 새로운 힘의 원천이라는 영감이 장작불처럼 피어 올랐다.

새로운 분심을 머금고 유학을 과감하게 포기하고 길 위에 서니 이것이 나의 대중불교 도심포교의 시발이 된 것이다.

그러나, 때가 때인지라 불교의 살아 숨 쉬는 포교운동이 쉬울 리가 있겠는가?

종단은 종권싸움으로 사회적 지탄을 받고 있는 것이 사실이었다. 종단의 포교정책은 전무라 해도 과언이 아니요, 사찰 속의 포교라는 미명은 무조건적 기복신앙의 안식처로 기능할 뿐 불교에 대한 정견正見과 정사正思는 죽어버린 정신이 되어, 어둠의 터널을 지나가는 것 같았다.

강남터미널은 나의 포교 1번지가 되었다. 튼튼한 몸둥이 하나 믿고, 재산 삼아 8도의 사람들이 오가는 터미널 앞에서 전단지를 나누어 주고 법난의 불법성을 알렸다. 한국 불교의 위대한 역사정신을 깨우며 민족의 영원한 국민의 신앙을 지켜가자고 역설하며 거리를 누볐다.

포교환경도 열악한 어두운 시절이기도 하지만 포교라는 단어는 불자들에게도 생소하고 일반인에게는 소통되지 않는 이방의 생활 단어였다. 당시 포교원이라는 간판을 보고 무슨 점집인 줄 알고 찾아온 불자를 보고 껄껄 웃으면서도 이것이 불교의 현실인가 싶어 깊은 숨을 토한 적이 한두 번이 아니었다. 스스로의 시련을 극복하려는 인욕 없이는 감내하기 어려운, 허탈하고 공허함으로 짓눌린 시간들이었다.

부처님께서 말씀하신 전법의 길이 얼마나 고난의 길인가를 체험으로 맛보았다.

그러나, 여기서 포기할 수는 없었다. 보현보살의 가피인가? 일 년, 이 년…. 몸 하나로 시작한 사람들과의 살아 있는 도심 속의 생활불교 포교운동은 3년이 다가올 때 싹이 돋아나고 보이기 시작했다. 종단도 조금씩 안정되어 가면서 대중포교에 대한 관심과 연구, 지원을 강화, 역점 사업으로 삼고 조계사, 봉은사를 비롯한 전국의 많은 사원들이 불교교양대학을 개설하여 불자들의 소명의식을 고취시켰다. 뜻 있는 젊은 스님들도 곳곳에 도심 포교당을 개설, 행동하는 불자들을 교육하는 데 정진하였다.

이러한 생활 속의 도심불교 포교는 85년에서 90년 사이 정점을 이루며 봄날의 꽃을 피우고 있었다. 일반 대중들은 포교에 대한 관심이 집중되기 시작하였다. 사원의 교양대학이나 도심의 포교원은 불교를 공부하려는 불자들의 숨소리가 넘치고 있었다. 당시 나와 뜻을 함께 소통했던 성열스님, 정우스님, 지원스님, 지광스님 등은 당시의 열악함을 딛고 일어선 오늘의 불교 대중화에 한몫을 담당한 도심포교운동의 불교사에 자랑스러운 스님들이다.

그 후 젊고 패기 있는 유능한 스님들의 대중포교운동은 불자의 신행에만 그치지 않고 통일, 환경, 복지 등 다양한 분야의 실천으로 사회에 뿌리내리며 결실의 열매를 맺으니 그것이 98년도에 일어난 종단사태에서 보여 주었던 것이다.
98년 다시 한 번 승가의 문제가 돌출되어 부끄러운 장면을 보였으나 불자들은 오히려 비방보다 종단과 승가를 걱정하며 외부의 힘을 차단하기 위해 1만의 신도가 조계사에 운집, 밤을 새워 짓밟히면서도 경찰력의 진입을 몸으로 막아내는 것을 보고 이것이 불교의 오늘을 살리고 내일을 살리는 힘이라고 느끼며 희망의 눈시울을 기쁨으로 적셨던 적이 한두 번이 아니었다.

지금도 그 기억은 나의 희망이 되어 나의 포교 열정을 다하게 하고 있다. 고통을 피안으로 환희의 세계로 영접하는 것이 전법 포교인 것이다.

"스스로 고통을 끌어안아야 하는 길, 그 고통의 길이 붓다의 길이요, 전도선언이요. 포교라는 것을 알아야 한다."

가수가 목소리 하나로만 노래하지 않는다.
온몸으로 리듬을 타며 노래한다.
포교사의 포교의 길도 가수와 같아야 한다.
포교사가 소리만으로 사람을 품을 수가 없다.
가수보다 더한 인고가 필요하고 정진이 있어야 한다.
열정이 살아서 장작불처럼 피어올라야 합니다.
사람을 머리로만, 지식으로만 대하면 그는 떠나 버린다.
등 뒤에서 밀어주며, 뜨거운 입김을 불어넣어라.
그래야 사람들은 다가오며 믿음을 갖는다.

신음하는 중생이 있어 보살이 있듯이 포교사는 홀로 있으면서도 인도하고 품어야 하는 사람이 있음을 기억하며 깨어 있어야 한다.

# 진실의 그대에게 사랑하여라

그대가 그대라는 진실의
그대이고자 하면
그대 있는 곳의 그대를 사랑하여라

그대가 그대라는 진실의
그대를 이루고자 하면
그대의 길이 그대이게 사랑하여라

그대가 그대라는 진실의
그대에 이르고자 하면
그대의 마음을 그대에게 사랑하여라

# 차 한잔 마시고 싶어라

지나치게 바쁜 삶을 사는 사람들을 보면
참으로 안타깝다

갈망에 사로잡히고 갈애에 허덕이면서
끝없이 달리기만 한다

죽음의 문턱 앞에서도 허겁지겁 서두르고
끓는 가마솥 안의 물처럼 쉴 새 없이 뜨겁나니

누구 나하고 은근하고 잔잔한
차 한잔 하자고 말하기가 어렵네요

유유한 사람과 만나 밀어의
낭만 있는 여행의 맛을 나누며
행복한 차 한잔 맛나게 마시고 싶어라

# 나는 나그네

나 그냥 여기에 있었나니라
목마르면 물 마시고
피곤하면 쉬어 가고
배고프면 한 술 빌며
장삼자락 나부끼며
나비춤을 추는 나그네여라

나 그냥 여기에 있었나니라
때로는 눈시울도 적시면서
바람이 웃는 대로
구름이 가는 대로
장삼자락 나부끼며
나비춤을 추는 나그네여라

인생은 나그네길
어디서 왔다가 어디로 가는가?
이 노랫말처럼
우리들의 인생은
이 세계의 나그네에 불과한 것이다

# 어둠이 내려도

그림자 흔적조차 보이지 않아도
우리들은 자기만의
영혼의 아름다운 사랑을 찾는다

늙은 할머니 나막신 이야기는
어둠이 살라 먹었는지 아니 들리고
별들만 기지개하며 눈을 뜬다

소쩍다 소쩍다 소쩍새는
자기 소리에 놀라
옥토끼 죽었다고 날개 접는데

시방의 하늘에는 구름이 춤을 추고
땅에는 어둠이 내려도
억겁의 생명들은 모진 잉태를 한다

# 달 밝은 관악산

관악산 봉우리엔 그대로 달이 밝고
한강수는 옛 그대로 흐름이어라

산허리 휘감기는 바람은 어디로 가나
시방의 만상만이 춤을 추어라

낙엽 한 잎 가지에서 울어 지치는데
생명의 바람결은 유유하여라

바위 틈에 어우러진 달그림자 어디로 가나
허공의 흰 구름만 춤을 추어라

# 연꽃

더럽다 하여 더러운 것을 모르는 것이어라

남이 버린 진토를 밥상 삼아서

썩어서 냄새 나는 물을 양식으로

7월의 작렬하는 태양을 벗 삼아서

가장 아름답고 황홀한

아름다운 한 송이 고결한 나의 꽃이어라


인생의 사연 하나하나도 그러하나니

사바의 낱알들을 곱게 묶어서

고통이라는 물줄기를 양식 삼아

소망의 무지개를 피우나니

아름다운 한 송이 생명 꽃, 나의 꽃이어라

# 겨울 소나타

— 대관령 눈 산에서


차가운 달빛 사이로 앙상한 바람 불고
천지가 하얗게 쌓인 또 하나의 겨울이 흐른다

눈 덮힌 산하의 잔상이요,
모든 것이 하얀 산으로 덮고 흐른다
그 풍경에서 나는 인간 본연의 나상을 본다

웅장한 자연의 힘 속에서
침묵의 오케스트라 향연 울리며
만용과 자만과 욕망들이
부질없는 것인가를 내려다본다

그토록 목말라 갈망하던 사랑과 미움도
차가운 바람 타고 사라진다
욕망의 언어들이 사라지고
가장 소중하게 간직하는 육신과 영혼마저도
영겁의 시간들로 명멸함을 본다

덧없는 무상의 존재에 나를 어루만진다

인연의 수많은 잔영들이 설산에 녹아든다

사랑했던 그리운 얼굴들은 어디로 갔을까?
텅 빈 잿빛 허공에서 허연 눈만 내린다
별빛의 추억만이 가슴을 메이고
찬바람에 눈시울만 뜨겁게 젖는다
잠들지 못한 나만의 슬픈 노래만이 산허리를 감는다

# 오래된 암자

이끼로 둘러진 개울가 작은 샘
손이 하얀 아이처럼 곱고

티도 없이 진주처럼 맑은 뜰에는
세월의 숨소리가 익어가고

세상을 꿈으로 안고
산하를 굽어 고요히 말이 없네

천 년 자취 그림자도 잊은 듯
연민의 마음으로 내민 얼굴은

살포시 말없는 미소로
중생의 아픈 상처 보듬어 안고

시작도 끝도 없는
피안의 만다라꽃 피우고 있네

# 눈이 사랑스런 큰 소

― 님 생각에

거울같이 호수같이 맑고 맑은
큰 눈을 껌벅이는 두 눈은
힘겨운 삶의 애증이 글썽인다

전생의 무슨 업이길래
사람의 소로 태어나
코뚜레 꿰어 멍에 메고
산등성 쟁기 날에 어깨가 푹 패이나

초승달빛 보이는 어스름녘
닳아빠진 짚신짝 너털대며
할배의 고삐 따라 걷는 걸음은
오랜 세월 인고의 업보이련가?

긴 밤의 전생, 내생 더듬는데
구수한 여물 냄새로
눈 비비는 사랑스런 눈이 큰 소야
외양간 아픈 멍에 언제 벗을꼬?

# 님에게 띄우는 편지

이 밤에도 님은 나를 침묵으로 깨우고
나는 님께 나를 바칩니다
불꽃 같은 그리움이 타오르며
고통의 피울음 안은 채
별빛 속의 아련한 기억만을 삼키고 있습니다
관음의 원통보살같이
슬픔의 바구니는 만들지 말고
파편 같은 사랑은 담지 말자 했는데
밤을 헤친 나는 슬픈 파편 되고 있습니다
관자재보살님의 사랑으로
님을 안고 뒹굴면서
하얀 연꽃 피우고 싶었는데
잃어버린 추억같이
희뿌연 안개 속 그림자일 뿐
예쁜 미소의 님은 내 손에 잡히지 않습니다
때때로 나를 웃게 했던
님이 불러 준 애잔한 노래만이
이 밤을 비낀 메아리로 들려옵니다
나의 밀폐된 영혼은

님이 용서하지 않으리라는 것을 알면서도
하얀 숨소리로 객혈만 합니다
검게 타버린 한강 포구엔 돛배도 없는데
님은 겨울새 되어 날고
통곡의 내 염원 붉은 불빛으로 타오릅니다

# 당당한 허수아비

한 걸음도 내딛지 못하면서
기고만장 당당하게
두 팔 벌려 휘~휘 저으며
황금들녘 뽐내며 지키는구나

바람도 지나면서 건드리고
아이도 지나면서 돌 던져도
성냄 없이 껄껄대며 의젓하구나

어젯밤 한방 맞은 강풍으로
한 벌밖에 없는 윗도리는
할퀴고 찢겨져 뼈만 남아도
내비치는 속살이 부끄럽다네

그래도 아름다운 황금 들녘
내 몫을 다하려고
으름장 놓고 두 눈 부릅뜨니
참새 떼 화들짝 잽싸게 날아가누나

# 피멍울 새긴 님이여

— 떠난 님 생각에

오늘도 검은 먹구름이 되고
석공의 쪼다만 석상이 되어
님의 품으로 되돌아왔습니다
육신을 한참이나 태우고 나서
영혼의 생명 음률音을 조각하였습니다

님은 입김으로 나를 견디게 하고
모진 사랑의 눈을 새기게 합니다
울다 지쳐 빛바래진 얼굴에
상처 난 슬픈 바람은 구름에 실려
내 마음의 시간에 묻어 흐릅니다

한올 한올 마음자락에 이어진 정精
심장에 피는 찔레꽃 되고
내 가슴의 피멍울 새긴 님 생각에
이 밤도 피울음 토하는 두견 되어
허우적 허우적 허공을 맴돌아 갑니다

# 해인의 단장

님을 향한 사랑의 불꽃을 온몸으로 태웁니다
애타는 내 마음의 그리움 속에서
님은 언제나 나를 깨우는 폭포수였고
아름다이 피어나는 붉은 연꽃송이입니다
님의 영혼은 나를 태우는 불꽃이 되어
나의 심장에 사랑의 물줄기를 부어줍니다

깊이 패인 애수 띤 님의 웃음은
내 마음의 여신 되어 빛으로 휘감습니다
님은 나를 태우는 뜨거운 장작불입니다
열정으로 파고드는 님의 숨소리는
지금도 세차게 고동치는 단장의 파도입니다

내가 사랑한 나의 버들 같은 님이여
나는 돌멩이 같은 수행자를 갈망하지 않습니다
생명의 혼 빛을 태우는 사랑을 하고 싶습니다
관음보살의 다함없는 사랑을 하고 싶습니다

아픈 인연 함께 걷지 못한 슬픈 이승에

남산 달빛만이 유성 타고 내립니다
내 운명을 에워싸는 공기들이 너무 차갑습니다
그리운 님은 나를 살리고 있는데
님을 살릴 수 없는 내가 미울 뿐입니다
내일도, 모레도 그렇게 될 것을 아파합니다

그래도 님은 나의 여신이요 아름다운 직녀별입니다
끝남이 있는 날까지 촉촉한 님의 가슴 품으렵니다
해인의 법당 모서리 풍경소리 하늘로 날으고
주르륵 줄기만 내 마음 타고 내리는데
님은 단장의 내 마음 깊은 곳으로 파묻히고 있습니다

# 무상 無常

창가에 살포시 떨어지는
낙엽 한 잎
허공을 맴돌기만 하네
허공을 맴돌기만 하네

나도 모르게 눈시울을
그대는 지금
어디로 향하는 길인가요?
어디로 향하는 길인가요?

# 새벽을 깨우는 법고소리

무색무취의 무명 저고리를 갈아입고 용문사 행자 생활에 젖은 수련 시간이 얼마큼 되었을 때입니다. 사형이자 주지인 향엄스님을 찾아온 서울의 한 스님이 있었습니다. 몸은 날씬하고 키는 훤칠하였습니다. 좀 날카로워 보이기는 했지만 용모가 매우 뛰어난 스님이었습니다.

"어찌하여 어린 나이에 출가를 결심했느냐?"

스님께서 다정하게 물어왔습니다.

나는 그냥 바라만 보았을 뿐 아무 말도 하지 못했습니다. 어린 나이지만 아픔을 잊어버리려는 마음이 앞서서 그랬는지 지난 날들을 말하고 싶지 않았습니다.

하룻밤을 지새운 스님께서 다시 물었습니다.

"주지스님이 허락한다면 서울에 갈까?"

"지금 행자인데요, 어떻게…. 갈 수 있겠습니까?"

껄껄 웃으시던 멋진 스님께서 나의 귓전에 대고 소곤거렸습니다.

"서울에 가자꾸나. 앞으로는 출가 수행자도 공부를 해야지. 공부
안 하면 안된다. 서울 가서 공부하자꾸나. 그리고 내 상좌 삼고
싶구나. 주지스님께는 내가 잘 말하리라."

밤이면 밤마다 주지스님께서 옆에 끼고 들려주신 억겁전생의
인연이 새로이 맺어지는가 싶었습니다. 사실 아픔을 이곳에서
치유하고 싶었습니다. 중노릇 잘 하면 되지, 공부는 무슨, 밤새
도록 몸을 뒤척였습니다. 어머니의 얼굴이 떠올랐습니다. 어머
니 어떻게 할까요….


이튿날 새벽, 예불을 마친 주지스님께서 말씀하셨습니다.

"송행자, 나와의 인연은 여기까지인 것 같구나. 여기 훌륭하신
스님을 따라 서울에 가서 열심히 공부하려무나. 여기서도 내가
너를 지켜보리라."

나는 그동안의 어머니 품속 같은 용문사와, 주지스님과, 대중에
게 작별을 고하고 스님의 꽁무니를 따라갔습니다. 그 스님은 경
해 법인스님이셨습니다. 서울의 수유리에 있는 화계사에서 전국
적으로 결성된 달마회 불자들과 한국 대학생 지도법사로 포교
활동에 매진하고 계셨습니다.


나는 다시 화계사의 행자로 밥 짓고 갱두하고 경울 배우며 은
사 스님이 되실 스님의 시봉을 하면서 스님의 약속대로 서라벌

예술고등학교에 입학하였습니다. 학교와 행자를 겸하는 생활이 힘들었지만 마음만은 참으로 행복하였습니다. 스님께서는 당시 몸이 매우 허약한 편으로 설사를 자주 하셨고 매일 한약을 옆에 끼고 사셨습니다. 함께 시봉하던 동근이라는 행자와 서로 미루다가 약을 태우는 일도 종종 있어 꾸중을 듣기도 하였습니다. 동근이는 지금도 부처님 오신 날이면 부인과 함께 나를 찾아와 등불을 올리는 당시의 행자였습니다.

당시 겨울에는 눈이 많이 내렸습니다. 법인스님께서 법문을 가실 때 화계사 입구까지 눈을 밀고 쓸며 스님을 배웅하던 일은 지금도 참 즐거웠던 추억으로 남아 있습니다.
스님께서는 일주일에 세 번씩 행자들에게 〈초발심자경문〉을 통한 스님들의 정신 자세에 대한 강의도 열심이었습니다. 나는 스님이 되기 위한 기본적인 소양을 차곡차곡 배우며 쌓아 나갔습니다.

1968년 동안거 해제일이 되어 국제 포교의 선구자이신 숭산 큰스님을 계사로, 법인스님을 은사로 계법을 통한 사미승의 가사를 수하게 되었습니다. 18세 소년은 비로소 스님으로서의 첫발을 내딛고 어머니와 약속한 새로운 인생의 출발을 맞게 된 것입니다. 이제야 약속을 이루게 되었습니다. 어머니! 속진의 이름을 버리고 참 진리를 감아 살라는 玄眞이라는 법명으로 살아가겠습니다.

수계를 받은 지 얼마 안되어 은사 스님은 일본 유학을 준비하느라 분주한 나날을 보내었습니다. 그때만 하여도 외국에 유학을 간다는 것은 스님들의 세계에서는 드문 일이라, 나는 스님의 그 모습이 매우 자랑스러워 보였습니다.

나는 도일을 위한 서류 심부름으로 총무원을 방문하면서 불교의 총본산인 총무원과 조계사를 처음으로 참배하였습니다. 그리고 스님께서는 일본 유학을 떠나시고, 나는 불교의 전문적인 수행과 교육을 위하여 범어사 전문 교육 기관인 강원에 입방하였습니다.

강원의 학생 스님들과 경전을 놓고 부처님의 생애와 사상을 연마하며, 붓다의 크신 품성의 자비와 성스런 인격에 큰 감동을 받으면서 수행에 정진하였습니다. 나는 그때만큼 공부를 열심히 해본 적이 있는가를 생각합니다. 지금은 원로이신 고산 대강백을 모시고, 밥 때가 되어도 그칠 줄 모르는 논강을 해가며 경전 공부에 빠져들었습니다.

대중과 사찰 울력도 하고, 몸의 건강을 위하여 운동도 열심히 하였으며, 부처님의 성도재일에는 일주일 동안의 용맹정진 참선도 하면서 수행의 깊은 곳으로 젖어들었습니다.

때때로는 삼삼오오 짝을 지어 부산의 국제시장에서 얼굴이 붉혀지는 어려운 탁발도 수행하였습니다. 제일 어려운 것이 탁발이라는 것을 알았습니다. 그러나 재미도 있었습니다.

1969년 7월 15일이 되어 높고 높은 거룩하신 세 분 스님의 아사리와 일곱 명의 증법사를 모시고 비로소 비구로 탄생, 진짜 스님이 되었습니다. 최상의 부처님 제자의 이름은 비구요, 비구는 불교의 꽃으로 불리우기 때문입니다.

계법과 더불어 전계 아사리 석암 큰스님의 법문은 나의 폐부를 갈랐습니다.

비구는 부처님의 혜명을 밥 삼아야 한다.
부처를 보는 수행에 게을리하지 마라.
공부는 쉼 없이 하여야 하나니, 그 모든 것이 부처의 자비를 행하기 위해서다.
마음 하나에 극락도 있고 지옥도 있느니라.
깨달음을 위하여 깨달음이 있을 때까지 계법을 생명으로 오직 정진하고 정진하여라.

지금도 전계의 스승인 석암스님의 사자후는 나의 인생 교본서가 되고 있습니다.

강원의 공부는 무엇보다 나를 즐겁게 만드는 아름다운 수행공간이었고, 생활의 안온한 처소였습니다. 가난으로 책 한 권 구입 못하고 빌려보는 학생이었지만 누구보다 공부는 열심히 하였습니다. 나는 50여 명의 학인들 중에서 경을 잘 본다고 하여 강사

스님으로부터 가끔씩 "현진 수좌의 경을 보는 눈이 참으로 밝아서 좋구나" 하는 칭찬을 들었습니다.

〈원각경〉을 회향한 어느 날, 대강백이신 스님의 호출을 받았습니다.

"그래, 현진 수좌. 은사 스님도 없이 공부하느라 고생이 많았지?"

"아니요. 공부는 제가 하지, 은사 스님이 하는 것 아닌데요. 요즈음 같이 참 즐겁게 공부한 적이 없는 것 같습니다."

큰스님 말씀의 뜻을 모르는 바가 아니나, 나는 넉살스럽게 대답하였습니다.

"현진 수좌, 나의 강의 법통을 이어받을 생각이 없나?"

갑작스런 질문에 나는 당황할 수밖에 없었습니다.

"여러모로 부족한 제가 어찌 큰스님의 뒤를…. 시간을 좀 주세요. 생각해보겠습니다."

그러나 인연이 아닌 것 같았습니다. 마지막 강원 공부인 〈화엄경〉에 들어간 지 한 달도 안되어 강원은 풍비박산이 나고 말았습니다. 그 이유는 몰랐지만 사중과의 충돌인 것을 나중에야 알았습니다.

우리 학인들은 우왕좌왕하다가 할 수 없이 해인강원에 손짓하여 구원을 청했습니다. 다행이 해인사는 우리들의 입방을 허락하였습니다. 다수의 학인과 나는 걸망을 챙겨 정든 범어사를 떠나 해인사로 향했습니다.

해인사에서의 첫 소임은 해인사 수림을 지키는 상감쟁이였습니다. 해인사 강원 입방의 조건은 상감의 의무로부터 시작되었습니다. 상감의 임무란 아름드리 나무를 몰래 땔감으로 벌목하는 도둑 벌목꾼으로부터 나무를 지키는 소임이었습니다. 그때는 기름이나 석탄의 연료가 시골에는 없는 때인지라, 몰래 나무를 벌목하는 일들이 빈번했던 것입니다. 예비군복을 입고 하루 종일 순찰하는 것이 쉽지만은 않았습니다. 해질녘까지 돌다 보면 온몸이 녹초가 되기도 하였습니다.

3개월의 소임을 마친 나는 강원에 새로운 도반이 되어 입방하였고, 소임은 대장경각 법당의 기도 부전을 담당했습니다. 수많은 순례객에게 팔만장경의 국운의 역사를 안내하며, 나름의 불교를 전도하는 수행에 힘을 쏟았습니다.

장경각 안내를 시작한 지 5개월 남짓 지난 어느 날 여름방학이었습니다.

8월의 삼복염천의 뜨거운 뙤약볕 아래서 긴 속눈썹을 날리며 까만 눈동자를 굴리던, 검게 타버린 미모의 소녀와 눈을 마주쳤습니다. 그녀는 나의 눈에 무척이나 예쁜 소녀로 각인되어 다가왔습니다. 우리는 첫눈에 미소로 서로를 담았습니다. 이것이 내 운명의 아픈 수행을 안아야 하는 또 하나의 인연 고리를 만들고 있음을 몰랐습니다.

대구에서 대학을 다니던 그녀는 방학을 맞아 고향집으로 돌아와서 매일같이 같은 시간이면 내 앞에 나타나 마음을 설레게 하고, 살포시 터질 듯한 미소의 아름다움과 석류같이 빨간 입술은 나의 내밀한 마음을 흥분시켰습니다. 잠을 이룰 수가 없었습니다. 그녀가 오기만을 기다리는 내가 되었습니다. 오히려 그녀가 보이지 않을 때는 무슨 일인가 싶어 불안하고 초조하기조차 하였습니다.

그녀를 기다리는 시간의 심장은 해인의 용정 폭포수가 되어 있었습니다. 우리는 남몰래 해인의 계곡에서 불안한 만남을 가졌고, 강원이 쉬는 날에는 핑계를 대고 대구로 나와 극장에도 가고, 공원의 이곳저곳을 돌아다니며 젊음을 태웠습니다. 그러다가 귀사하지 못할 때도 가끔씩 있었고, 나의 가슴속에 그녀의 향기는 진하게 배어들고 있었습니다.


강원 생활과 공부의 지장은 물론, 사원의 규칙을 자주 어기는 바람에 대중 앞의 참회도 하였지만 한번 빠져 버린 사랑의 불길 앞에서는 소용이 없었습니다. 어두운 일주문에서 기다리는 그녀를 생각하면 강원의 규범이 문제 되지 않았습니다.

그래도 다행스러운 것은 도반들의 따뜻한 보호였습니다. 담벼락을 몰래 넘어갔다 와도 도반들은 걱정하면서 감추어 주었습니다. 사랑에 빠져 미친 걸 어이하랴…. 도반들은 이해하여 주었습니다.


그렇게 2년여의 세월이 지났을 때 해인강원의 졸업식이 다가오고 있었습니다. 졸업을 얼마 앞둔 나에게 눈물을 글썽이며 침통한 얼굴의 그녀가 물었습니다.

"졸업하면 어떻게, 어디로 갈 거야? 나는 어떻게…."

나는 비로소 정신이 들었습니다. 졸업해도 갈 곳이 없었던 것입니다. 무엇을 해야 할지도 몰랐습니다. 그래서 그녀 앞에서 아무 말도 할 수가 없었습니다. 그녀가 나의 손을 꼭 붙잡았습니다.

"나와 함께 있으면…." 그녀의 말꼬리가 애잔하게 흘렀습니다.

그녀의 말은 사뭇 떨리고 머뭇거렸으며 슬퍼 보이는 얼굴에는 우수만이 깊게 배어 있었으며 무슨 말을 하고 싶었으나 아무 말도 못하였습니다.

'우리가 운명이라면….' 나는 이렇게 말하고 싶었습니다. 나도 그녀와 함께하고 싶은 마음이 굴뚝 같았습니다. 그러나 아무 말도 할 수가 없었습니다. 그저 침묵만이 흘렀습니다.

'안되느니라…. 스님아, 안되느니라….'

그 애절한 순간에도 어머니의 염려 어린 슬픈 얼굴이 떠올랐습니다. 나는 그녀의 손을 뿌리치고 경련 같은 소리를 지르며 계곡의 어두운 길을 달리고 또 달렸습니다. 온몸이 피투성이가 되었습니다. 지친 마음과 육신은 쇠잔해지면서 쓰러져 병에 걸리고 말았습니다.


간병실에 누웠습니다. 주지스님과 여러 스님의 병문안에도 불구하고 어떤 한마디 말도 할 수가 없어 그저 끙끙 앓고만 있었습니다. 다만, 말없는 도반들만 조용히 등을 두드려 주었습니다.

"쯧쯧, 이젠 정신 차려야지…."

강원 졸업식 날, 나는 이력종장의 명예를 안고 실없는 졸업을 하였습니다. 그 후, 그녀의 눈을 피해 도반과 함께 도반의 은사님이 계시는 포항 보경사에서 걸망을 풀었습니다. 다행스럽게도 보경사 건너편에 있는 작은 암자인 서운암에 기거하라고 하여, 짐을 풀고 모처럼 안온함을 맛보는 것 같았습니다. 보경사는 동해 8경의 하나로 경치가 뛰어나고, 계곡의 수량이 많아 폭포가 12개나 되는 참으로 아름다운 관광 명소의 사찰입니다.

그녀와의 관계 속에서 방황하는 서운암의 시간이 몇 개월이 흐른 하얀 눈이 내린 겨울날이었습니다. 해인사 주지스님으로부터 한 통의 전보가 날아들었고, 빨리 해인사로 들어오라는 것이었습니다.
주지스님의 한참 동안의 침묵은 가슴 철렁하며 마치 바위가 짓누르는 것 같았습니다.
"어떻게 이런 일이 생길 수가…. 어떻게 이런 일이…."
주지스님이 말끝을 흐렸습니다.
"자, 이것을 받아 보아라. 편지와 유서이니라. 그녀가 생명을 스스로…. 그것도 사찰 경내에서 말이다. 유서와 노트 속에는 온통 너에 대한 사랑과 원망하는 내용들로 애절하더구나."
주지스님은 노트와 유서를 힘겹게 건네주었습니다.
"이 지옥에 떨어질 놈아! 왕생극락의 천도재나 잘해 주려무나."

스님을 사랑한 것에 결코 후회는 하지 않아요

내 스스로 운명처럼 다가갔고, 운명처럼 다가왔으니까…

다만 나의 애원을 담아 살아가고 싶은 연인이고 싶었는데,

님의 그림자는 멀어지고 떠나니…

님이 떠난 자리에 나의 삶은 의미를 잃어버렸고…

내 운명의 삶이 여기까지인 것 같습니다

스님아, 오히려 용서를 소녀가 비나니…

나중에 알더라도 너무 아파하지 말고,

수행의 길에서 조금만….

기억의 '자야'가 되어 주면 무엇을 바라리오

안녕! 내가 사랑한 스님아, 내가 사랑한 밉고 미운 스님아


그녀의 온후한 언니가 눈물을 글썽이며 나의 손을 잡았습니다.
"어떻게 하겠어요. 모든 것이 '자야'의 운명의 길인 걸 어떡해요.
나도 언니로서 그렇게 해서는 안된다고 많은 애기를 했지만 소
용이 없었어요. 이 모든 것이 '자야'의 업일 뿐이에요. 동생의 영
혼을 위해 우리 49재는 잘 지내야지요."
나는 고개를 끄덕일 뿐 어떤 말도 할 수 없었습니다. '나의 사랑
하는 님아, 내가 사는 날까지 너만을 사랑하고 또 사랑할게….'
이렇게 마음속으로 중얼거릴 뿐이었습니다.
"언니가 이렇게 된 것은 모두 스님 책임이야!"
그녀의 막내 동생의 무서우리만치 치켜 뜬 눈동자는 내 가슴을
깊이 도려내고 있었습니다.

그의 영혼을 천도하는 49재는 아린 가슴이 되어 소리 없이, 그녀의 나이인 스물한 송이 흰장미로 눈물의 사랑을 담아 소리 없는 침묵으로 지냈습니다. 나는 그녀의 얼굴을 꼭 안았습니다. 여명의 혼빛으로 안았습니다. 우리는 살아 있는 깊은 포옹을 하였습니다. 선혈의 붉은 입술을 깨물었습니다.


님은 내 영혼의 깊은 곳에 한 송이 꽃입니다
가야산 야반삼경에 남모르게 다가오는 그대가 있어
칠흑 같은 어둠에서도 밝음이었습니다
나는 참으로 그대 있음에 사랑을…
다만, 출세간의 푸른 벽이 장애였을 뿐입니다


비바람 일주문 벼리에서 겨울눈에 발목 시려도
손 마주 잡고 마주한 정겨움
잘 부를 줄도 모르는 노래에 미소가 가득한 그대여
내 인생의 황홀한 첫사랑이여
그대는 나의 애인이고 관음 같은 님이었습니다
뜨거운 불나방 춤을 추는 순수로 촉촉이 젖은 입술
아늑한 검게 깊은 눈빛, 물결치는 긴 속눈썹
흑진주 혼백을 가진 나 하나만의 님이여
그대의 눈물 한 방울도 내 몸의 핏줄로
그대의 아픔 한 올까지 내 몸의 세포로
생명 있는 날까지 그대 위한 탈춤을 바치리다

새벽녘 서쪽 하늘 남산 자락, 그믐 달빛 위로 새벽을 깨우는 청
둥오리 한 마리가 슬픈 미소로 마음 아픈 친구가 되어 날아올랐
습니다. 나도 청둥오리의 친구가 되어 날았습니다.
해인의 법고소리는 시방세계의 깨달음을을 두드리고 있었지만
내 가슴을 두드리는 법고는 붉은 선혈을 토해내고 있었습니다.

새벽을 깨우는
# 법고소리

1판 1쇄 인쇄 | 2014년 7월 15일
1판 1쇄 발행 | 2014년 7월 23일

지은이 | 무위 현진

펴낸이 | 이명옥
펴낸곳 | 도서출판 사유수
만든이 | 이미현, 신동소

서울시 마포구 서교동 393-5 화승리버스텔 1005호
대표전화 | 02-336-8910

등록번호 | 2007-3-4
ISBN 979-11-85920-00-9  03220